성공한 사람들의

메모하는 방법

나카지마 다카시 지음 | 이수경 옮김

시간과공간사

성공한 사람들의

메모하는 방법

나카지마 다카시 지음 | 이수경 옮김

PROLOGUE

메모는 언제든지 누구나 손쉽게 할 수 있다. 그러나 도 대체 무엇을 메모해야 할까? 내가 메모하고 있는 이 정보 는 충분한 가치가 있는 것일까?

이는 메모하는 사람이 정보를 보는 눈과 응용력이 있는 지를 묻는 것인데 이 질문에 주저 없이 "Yes!"라고 대답할 수 있는 사람은 몇 안 될 것이다. 아니, 좀더 솔직히 얘기 해서 메모하는 것에만 자기만족을 느낄 뿐 일과 공부에 아 무런 도움을 얻지 못하는 사람들이 대부분일 것이다.

"아니, 도움이 된 적도 있다."

"언제?"

"학교에서 시험 볼 때 만든 커닝페이퍼."

그럼 그렇지. 이것은 메모의 효과를 톡톡히 본 예이긴 하지만 바람직한 행동은 아니다. 그리고 커닝페이퍼의 도움을 얻었다고는 하지만 분명 그것을 작성하는 동안 내용을 모두 외워 버렸을 가능성이 크다.

이 책은 단순히 메모하는 방법을 적은 책이 아니다. 차례를 보면 알겠지만 메모하는 방법에 따라 업무는 물론 인생이 얼마나 크게 달라질 수 있는지를 사례를 통해 실증한 책이다. 소개된 방법들은 나 자신이 평소 실천하고 있는 것들로 불가능한 방법들은 전혀 들어 있지 않다. 지금 당장 실천 가능한 것들로만 채워져 있다.

우리가 쉽게 구할 수 있는 메모 관련 서적 중에는 그저 제안으로만 끝을 맺는 책들이 많다. 이를테면 수면장애인 사람에게 하루에 얼마나 잤는지 메모하라고 한다. 말도 안 되는 소리다. 이렇게 하면 수면장애를 넘어 우울증에 걸리지 아닐까? 당뇨병인 사람에게 "무엇을 먹었는지 매끼마다 메모해서 관리하라."는 제안도 한다. 병원이 아닌 다음에야 얼마나 먹었는지 어떻게 관리할 수 있단 말인가? 1그램인지 5그램인지에 신경 쓰다가 오히려 더 큰 스트레스만 받을 것이다.

그러나 이 책에는 비현실적인 메모 방법은 실려 있지 않다. 그러니 이 책을 펴든 독자 여러분은 안심해도 좋다. 그저 필자가 제안하는 방식을 그대로 따라 오면 된다.

나의 본업은 경영 컨설턴트다. 하지만 저널리스트로서 한 달에 다섯 번 정도 연재 기사를 쓰고, 한 권 정도의 단행본을 내며, 모교의 비즈니스 스쿨에서 강의도 하고 있다. 번역이나 소설(필명은 다르다)까지 손대고 있으며, 홈페이지도 직접 운영하고 있다.(더구나 일주일에 두 번씩 업데이트한다.) 또 일 뿐만 아니라 공부 모임도 한 달에 두 번씩 주재한다. 물론 가정에서는 변변치는 않지만 성실한 아버지와 남편 노릇도 하고 있다.

나의 업무량에 놀라는 독자들도 있겠지만 그다지 어렵지 않게 할 수 있다. 왜냐하면 메모하는 방법을 알고 있기 때문이다. 부디 독자 여러분들도 이 책으로 메모의 효과를 최대한 끌어내고, 발상과 아이디어에 부가가치를 실어 활용할 수 있기를 바란다. 필자가 제시하는 '메모 방법'으로 실제적 효과를 거둘 수 있기를 바란다.

나카지마 다카시

▌C·O·N·T·E·N·T·S

❻ 상식을 부정하고 '세렌디피티'를 잡아라

❼ 인생을 바꾸는 '메모의 힘'

1

성공적인
메모를 하자

01.
일 못하는 '메모광'은 되지 마라

비즈니스에서 사람을 평가하는 기준으로 메모만큼 무서운 것은 없다. 메모한 내용만 봐도 그 사람이 일을 얼마나 잘 하는지 알 수 있기 때문이다.

"과장님 메모를 보고 깜짝 놀랐어. 요점에서 한참 벗어나 있더군."

"이것 봐, 자네 기획안을 보면 도대체 무슨 소리를 하는 건지 도통 알 수가 없어. 좀더 정확히 써야 하지 않을까?"

이것은 모두 그때그때 메모를 하지 않아서 발생하는 일인데 사람들은 왜 제대로 된 메모를 하지 못하는 것일까? 그것은 요점을 정확히 파악하고 있지 못하기 때문이다. 그러면 요점을 파악한다는 뜻은 무엇일까? 먼저 이야기를 들는다. 그리고 이야기의 정보를 일단 받아들이면서 동시에 가치를 평가해 '이건 필요하다.', '저건 필요 없다.' 하는 식으로 일일이 중요한 사항을 가려낸다. 이것이 바로 그 해답이다. 다시 말해 메모는 사물에 대한 이해력과 판단력이 있어야 되는 일이라는 것이다. 게다가 꼭 기억해야 할 것은 이러한 일을 재빨리 처리해야 한다는 점이다.

여기까지 들으면 '메모는 정말 어려운 일이구나.' 하고 생각하게 된다. 그렇다면 그만둘까? 아니, 그럴 수는 없다. 사회생활을 하게 된 이상 메모에서 도망칠 수는 없다. 당당히 맞붙어서 메모하는 방법을 공부해야 한다.

자, 이쯤에서 메모라는 단어를 정의해 보자. 메모는 메모랜덤Memorandum의 줄임말로 '비공식적인 기록이나 연결사항, 주의해야 할 내용을 적어서 다른 사람에게 전달하는 일'이라고 해석할 수 있는데 이것은 일반적인 해석이다. '공책에 적는다'나 '적어 두다'는 의미의 노트note와는 뉘앙스가 조금 다른데 어휘 해석은 학자에게 맡기고, 실질적인 의미만 찾아보자.

필자는 메모란 '잊어서는 안 되는 것을 기록하는 일'이라고 정의하고 싶다. 그러면 어디에 적어야 할까? 머릿속으로 기억해도 좋고, 종이나 컴퓨터를 이용해도 된다. 하지만 제대로 된 메모를 하고 싶다면 '메모 방법'의 기본인 다음의 3가지를 알아야 한다.

① 어디에 메모를 했는지 기억한다.
② 언제나 찾을 수 있도록 한다.
③ 가치 있는 정보를 선택한다.

이 3가지를 못하면 저 사람은 노력은 많이 하는데 쓸모가 없다는 소리를 듣게 될 것이다.

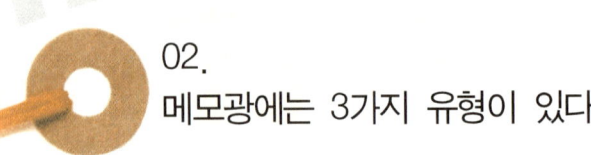

02.
메모광에는 3가지 유형이 있다

　모르는 것이 없는 만물박사라는 소리를 들으면서도 막상 일을 할 때는 전혀 머리 회전이 안 되는 사람이 있다. 이런 사람은 기억은 잘 하지만 기억한 것을 어떻게 사용해야 하는지 전혀 모르는 유형에 속한다. 비교적 일류대학 출신자들이 많고, 실제로 내 주위에도 이런 사람들이 많다.

　메모도 이와 마찬가지로 수집하는 일보다 활용하는 일, 다시 말해 그 메모를 어떻게 이용하는가가 더욱 중요하다. 일이란 언제나 수집과 활용의 조화로 평가받는다는 사실을 염두에 두어야 한다. 무엇이든 메모하는 '메모광'이면서 일은 전혀 못한다고 하면 말이 안 된다.

　남들이 메모광이라고 부르는 사람들에게는 몇 가지 공

통점이 있는데 그 첫째는 뭐니 뭐니 해도 '공부벌레'라는 점이다. 이들의 가슴속은 어제보다 조금이라도 더 성장하고 싶다는 마음으로 가득하다. 그렇기 때문에 어떤 말도 흘려듣지 않으려고 노력한다. 바꾸어 말하면 나아지려는 의욕, 성장하려는 의욕이 왕성하다고 할 수 있다.

지인 중에 아타라시 마사미新將命: 국제 비즈니스플레인 대표이사 씨는 외국계 기업의 경영자를 역임하면서 NHK에서 비즈니스 영어회화 강사까지 지낸 인재로, 이분 역시 메모광이다.

"앗, 잠깐 잠깐. 잠깐만 기다려 봐. 음, 뭐라고?"라며 안 주머니에서 수첩을 꺼내 메모하는 아타라시 씨의 모습은 그를 처음 만났을 때부터 달라지지 않았다. 상대가 누구든 마찬가지다. 다시 말해 공부하려는 의욕과 성장하려는 의욕이 강한 사람이라고 말해도 좋을 것이다. 또 상대의 지위가 높거나 낮거나 이에 상관없이 모든 사람의 이야기에 귀 기울이는 겸허함도 함께 지니고 있다. 그리고 그의 이러한 겸허함은 사업에서 '위기관리능력'으로 이어진다.

이처럼 메모를 잘 하는 사람들은 모두 높은 평가를 받는데, 메모를 전혀 해본 적이 없는 사람에 비하면 업무 능력이 훨씬 뛰어나며 비즈니스맨으로서의 성과도 뚜렷하다.

나는 지금까지 줄잡아 3만 명 정도의 경영자를 만났는

데 메모광이라 부를 만한 사람들은 다음과 같이 크게 3가
지 유형으로 나뉜다.

▌▌▌ 무관심한 마이동풍형

학교에서도 이런 유형을 볼 수 있는데, 바로 선생님이
칠판에 쓴 내용을 똑같이 베끼기만 하는 사람들이다. 감탄
스러울 정도로 토씨 하나 틀리지 않고 그대로 메모하지만
결코 자신의 생각 따위는 적지 않는다. 회의와 세미나 연
수에서도 마찬가지다.

정말이지 "도대체 스스로 느끼는 게 있을까?" 하고 묻고
싶어진다. 언뜻 보기에는 이야기를 잘 듣고 있는 것 같지
만 이런 유형의 사람들은 사실은 듣고 있지 않는 것이나
다름없다. 남이 쓰니까 나도 쓰는 것뿐이다. 이 메모가 도
움이 될까 하는 데에는 관심이 없고, 확실히 메모했다는
사실에 가치를 둔다. 그것으로 충분한데 뭐가 불만이냐고
따질 정도다.

이런 마이동풍형 메모광이라면 차라리 메모하지 말고
온 신경을 집중해서 한마디라도 빠뜨리지 않고 들으려고
애쓰는 편이 훨씬 유익할 것이다.

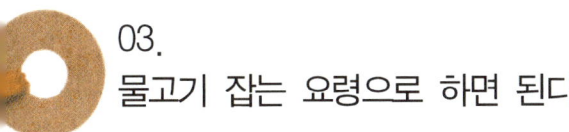

03.
물고기 잡는 요령으로 하면 된다

마이동풍형 메모광도 곤란하지만 반대로 다음과 같은 유형도 조금 머리가 아프다. 아마 여러분 주변에도 한두 사람쯤은 있을 것이다.

||| 빠짐없이 그대로 베끼는 유형

예전에 관청에서 강연할 때 내가 말하는 순간부터 마지막까지 일사불란하게 놀라운 속도로 메모하는 관료를 본 적이 있다. 필자는 그 모습에서 '메모는 곧 명령'이라는 느낌을 받고 소름이 끼쳤다. 혹시 나의 하찮은 농담 하나하나까지 메모하지 않았을까? 도대체 왜 저런 식으로 메모를 할까? 상부에 보고하기 위해서? 아니면 버릇이라서?

강연하는 사람이 이렇게까지 위압감을 느끼도록 메모하는 것은 좋지 않다. 메모는 요점을 적는 것만으로 충분하다. 속기사도 아닌데 그렇게 메모해서 어떻게 하자는 건지. 메모해야 할지 하지 말아야 할지, 버려야 할지 말아야 할지를 알아서 적절히 조절해야 한다.

그러나 이렇게 모조리 베낀 메모도 나중에 효과를 발휘하기는 한다. 실제로 이권을 쫓던 어떤 정치가가 실각하게 된 계기가 바로 외무부 관료가 적은 일련의 메모에서 '선거구 업자 편중', '북방영토반환 불필요 발언'이라는 문구 때문이었으니 말이다. 역시 메모에 상당한 위력이 있다는 것을 보여 주는 실례다.

▎▎▎ 물고기 잡는 유형

강연을 할 때마다 세상에는 재주 있는 사람이 많다는 사실을 새삼 느낀다. 이를테면 강연하는 내내 조는 것처럼 보여도 요점을 말하는 곳에 이르면 신호를 주지도 않았는데 제때 일어나서 메모하는 사람들이 있기 때문이다. 정말 능률적인 사람이라는 감탄을 넘어 감동할 지경이다. 메모는 모름지기 이렇게 해야 된다.

생각해 보면 처음부터 온갖 정신을 집중해서 들어야 할 요점만 말하는 사람은 거의 없다. 대부분은 잊어버려도 상관없는 정보뿐이다. 하지만 간혹 '이건 중요하다'는 생각이 드는 말을 할 때는 멍하니 있지 말고 재빨리 건져 올려야 한다. 그렇다, 메모란 낚시할 때 물고기를 잡는 것처럼 해야 한다. 경영자나 비즈니스맨 가운데는 물고기를 잘 잡는 사람이 많다. 그 사람들은 어떤 것이 중요한지 한눈에 알아볼 수 있기 때문에 자기 분야에서 성공하고 출세도 한다.

학창시절, 시험 볼 때마다 유난히 예상문제를 잘 찍어 좋은 점수를 받는 사람이 있는데, 이것은 어떤 문제가 나올지 보는 눈이 있기 때문이다. 그리고 이러한 유형의 사람들은 어떤 일에 힘을 얼마나 쏟아야 하는지 알기 때문에 쓸데없이 힘을 낭비하는 일이 없다.

이처럼 메모는 모름지기 물고기를 낚는 요령으로 해야 하지 않을까?

04.
메모를 하지 않아 지옥에 다녀온 사람

앞서 언급했듯이 메모란 잊어서는 안 되는 일을 기록하는 기술이라고 말했다. 이 말은 특히 기억력이 떨어졌다는 사실을 깨달을 때 뼈저리게 느낀다.

"메모하면 더 고생한다. 저번에도 메모를 했는데 난처하게도 그것을 어디에 적었는지 잊어버려서 한참 찾았다."라고 말하는 어처구니없는 사람도 있다.

메모를 조건반사처럼 하면 일도 빨리 처리할 수 있다. 이것은 특별히 직장인에게만 해당되는 것은 아니다. 초등학생도 반드시 알림장을 써야 한다. 이것만 있으면 숙제와 준비물, 학부모 모임 안내 따위를 모두 알 수 있다.

메모는 일이나 공부뿐만 아니라 인생까지 바꿔 버리는

경우도 있다. 이를테면 여행을 떠났다고 하자. 그러면 여러분은 제일 먼저 정확한 연락처를 남겨 놓아야 한다. 무슨 긴급한 상황이 생길지도 모르니 연락할 수 있는 전화번호 정도는 표시해 두어야 한다. 물론 요즘에는 휴대전화가 있지만 이 또한 예기치 못한 사태가 벌어져 연락하지 못할 수도 있으므로 반드시 가족의 연락처를 메모해 놓아야 한다.

내가 아는 사람 중에 연락처를 남기지 않아 소동을 일으켰던 사람이 있다. 유명한 디자이너인데, 어느 날 작업실에서 일하던 중 과로로 쓰러졌다. 점심시간이었기 때문에 작업실에는 아무도 없었다. 다행히 오후에 만나기로 했던 고객이 사무실을 찾았다가 치아노제Zyanose: 청색병, 호흡장애나 순환 장애로 이산화탄소가 많이 함유된 혈액이 체내를 순환해서 피부나 점막이 파랗게 보이는 증상 상태에 빠진 그 디자이너를 발견했고, 바로 구급차를 불러 병원으로 실려 갔지만 이틀 동안 의식이 없었다고 한다.

그때 가장 난처했던 것은 그 순간 멀리 떨어져 살고 있는 디자이너의 가족에게 연락을 취할 수 없는 상황이었다. 작업실에는 연락처가 하나도 없었고, 면허증을 보아도 현재 살고 있는 주소밖에 없었기 때문에 아무런 도움이 되지 않았다.

어떻게 해야 할까. 이런 일은 한시가 급하다. 하지만 신기하게도 인간은 결정적인 순간에 지혜를 발휘한다. 문득 그 사람은 디자이너가 예술대학 출신이라는 사실을 떠올렸고, 그 대학에 연락해서 겨우 연락처를 알아냈다.

다음 날, 규슈에서 가족들이 도착할 무렵에 그 디자이너가 정신을 차렸으니 망정이지 자칫 잘못했으면 큰일을 당했을지도 모른다. 본인은 아무것도 기억하지 못하는 동안 주위 사람들만 진땀을 뺀 것이다. 메모만 해 놨어도 일이 이렇게까지 되지는 않았을 것이다.

준비와 위기관리를 잘 하는 사람은 건강한 때라도 만일의 경우를 대비해 긴급연락처나 혈액형, 병력 따위를 수첩에 적어 둔다. 헌혈수첩까지 함께 넣어 두는 사람도 있다. 이는 앞날을 정확히 내다볼 줄 안다는 것이다. 혹시 '이런 일이 벌어지면 다음은 이렇게 된다. 그러면 안 되니까 준비해 두자.'는 예측을 할 줄 알면 필연적으로 일도 순조롭게 진행된다.

05.
2주간의 메모 훈련으로 미래상을 그릴 수 있다

　나는 2주를 한 단위로 생각하고 일을 진행시킨다. 이것
은 영업사원 시절부터 생긴 습관인데 매우 편리하다. 영업
사원에게는 고객과 약속을 잡는 일이 가장 중요하다. 일단
약속만 잡으면 성과가 없더라도 제 몫은 다한 셈이다.

　나는 약속을 잡을 때도 2주를 한 단위로 생각하고서 시
간을 정한다. 보통 약속을 정할 때 "이번 주 금요일은 어떠
세요?"라고 물으면 "이번 주는 조금 힘들 것 같은데요."라
는 대답을 많이 한다. 그건 그렇다. 바쁜 사람과 약속을 잡
으려고 하면서 월요일에 전화해 3~4일 뒤에 만나자고 하
는 것은 무리다. 그러므로 여유 있게 2주 후로 정하면 된
다.

나: "이번 주나 다음 주, 아무 날이나 괜찮은 시간을 알
　려 주세요."
고객: "그러면 다음 주 수요일이 좋겠네요."

　영업사원은 바쁘다. 나도 영업을 관리하는 담당자였기
때문에 굉장히 바빴다. 출근할 때 신문을 읽을 틈도 없었
다. 나와 우리 팀의 작업량을 달성하기 위해 '오늘 해야 할
일', '이번 주에 해야 할 일', '다음 주에 해야 할 일' 오로지
이 3가지만 생각했다.

　'그 사람에게는 이렇게 지시해야겠다.', '내일부터 출장
이니까 내가 없는 동안 부하 직원에게 이건 꼭 시켜야겠
다.', '그래. ○○사에는 아침 일찍 전화를 한 통 걸어야겠
다.', '다른 쪽에서도 사전교섭이 필요하군. 그쪽 담당자를
만나 밥이라도 먹을까?'

　이런 생각을 하면서 나는 하나씩 메모해 두었다. 그리고
나중에는 그 일을 실천하고 지우기만 했다. 그러므로 내
머릿속에는 2주 동안 해야 할 일이 들어 있었다.

　이렇게 몇 년을 지낸 후에 따로 독립해서 사업을 시작했
는데 그때부터는 5년, 10년 뒤의 미래상을 그리면서 일하
게 되었다.

현재부터 미래까지 어떻게 해야 할지를 구체적으로 그려서 열거한다. 이것을 미래상^{비전},이라고 하는데, 미래상을 그리는 능력을 연마하는 가장 효과적인 방법은 메모하는 것이다. 이것만은 매니지먼트에 관한 책을 아무리 많이 읽어도 얻을 수 없다. 이 점은 내가 보증한다.

06.
베스트셀러를 놓친 어리석은 편집자

이쯤에서 나의 실패담을 소개하겠다. 너무 많아서 어떤 이야기를 할지 고민할 정도인데, 최근 베스트셀러를 예로 들어 이야기를 풀어 가겠다.

지금까지 내 이름으로 출판한 책은 80권이 조금 넘는데 본업은 어디까지나 컨설턴트다. 내 고객 중에는 일본을 대표하는 출판사도 여럿 있다. 컨설팅 내용은 ①경영혁신을 의뢰하는 경우와 ②새로운 사업 기획안(이런 일이 상당히 많다), 아니면 거침없이 ③'팔릴 만한 책 만들기'에 관한 도움말을 해달라는 의뢰도 많다. 내가 쓴 책 중에도 밀리언셀러나 베스트셀러가 상당수 있으니 모두 그럭저럭 성공을 거두었다고 할 수 있는데, 크게 실패를 맛 본 적도 있다.

출판업계에서는 흔히 "버드나무 아래 미꾸라지가 일곱 마리 있다."는 말을 한다. 이 말의 속뜻은 베스트셀러가 나오면 그것을 흉내 낸 기획이 잇따라 출판된다는 뜻인데, 모두 그런대로 팔리기 때문에 모방한 책이라도 전혀 문제가 되지 않는다. 그런데 최근에는 출판 불황도 한몫 거들어서인지 아류 작품들의 수도 많이 줄어들었다.

일본 경제는 장기 불황과 구조조정의 회오리, 10년 넘게 이어진 금융 불안으로 흔들리고 있다. 이렇게 되자 비즈니스맨의 주머니가 가벼워져 당연히 책도 예전처럼 사보지 않게 되었다. 따라서 아류 작품에까지 손을 뻗을 여유가 없다. 곧 두 번째 저작 이후의 기획은 쓸데없는 일이 된다는 결과다.

이런 여유 없는 시대에는 문학서들의 상황이 더욱 안 좋다. 유명한 상을 받은 작가조차 "비즈니스서는 어떻게 써야 하나?"라고 진지하게 물어 올 정도니 그 혹독함은 상상을 뛰어넘는다.

이제는 통하지 않는 '버드나무 아래' 전략인데도 작년부터 올해에 걸쳐 각 출판사에서 나온 기획물 가운데 눈에 띄는 책이 '일본어 시리즈(시리즈라고 이름 붙인 것은 아니지만 서점에서의 모양새를 보면 이렇게 말해도 되지 않을까.)'다. 나도 기획자로서 그중 몇 권에 관여했는데 이 시리즈의 시작은 바로 「소리 내어 읽고 싶은 일본어(사이토 다카시齋藤孝 저)」이다.

사실 이 책이 나왔을 때 출판계와 관련 있는 일을 하는 필자는 순간 '앗, 당했다.'는 생각을 했다. 이유는 다음과 같다.

나는 「소리 내어 읽고 싶은 일본어」가 출판되기 3년 전 즈음, 「지知의 휴일休日(이츠키 히로유키五木寬之 저)」을 읽었다. 이 책의 제5장 '목소리와 논다'를 보면 알 수 있지만 모든 내용이 「소리 내어 읽고 싶은 일본어」의 발상과 아주 똑같다. 정확히 말해 '이 부분만 따로 떼어내면 재미있는 책이 되겠군.' 하는 강렬한 힌트가 여기저기 보인다는 말이다.

첫 부분을 보면 "우리는 글자를 읽을 때 당연히 묵독한다. 다시 말해 소리를 내지 않고 읽는다. 이것을 우리는 조금도 이상하게 여기지 않고, 오히려 당연하게 받아들였다. 그러면 인간이 글자나 책을 소리 내지 않고 묵독하게 된 것은 언제부터일까?"라고 되어 있다.

그뿐만이 아니다. 담겨 있는 작품집도 만요슈萬葉集: 일본에서 가장 오래된 가집歌集부터 불교경전如是我聞, 나니와부시浪花節: 곡조를 붙여 악기에 맞추어 낭창하는 이야기나 읽을거리의 하나. 에도 말기, 오사카에서 성결절說經節이나 제문에서 나온 것, 시음詩吟: 한시에 가락을 붙여 읊음, 도손藤村의

시집, 곤지키야샤金色夜叉: 저자는 오자키 코요尾崎紅葉. 1897년부터 1902년까지 요미우리신문에 연재한 소설, 가부키의 명대사, 신파의 명문구 등이다.

이에 나는 큰 자극을 받아 그 자리에서 바로 메모했다. 메모한 다음에는 어떻게 해야 할까? 물론 나에게 자문을 구한 출판사에 이야기한다. 그러면 틀림없이 집필자를 선정할 것이다. 그리고 마침내 책으로 나온다.

그런데 그렇게 되지 않았다. 3년 후, '앗, 당했다!'는 생각에 다리에 힘이 쭉 빠져 그 자리에 주저앉아 버렸다. 그야말로 완패한 것이다. 메모는 했는데 그 메모가 그만 깊은 바다 속에 가라앉은 채 두 번 다시 떠오르지 않은 것이다. 물고기 잡는 망으로는 건질 수 없는 곳까지 가라앉아 버렸다. 나는 완전히 패했고 상대는 승리의 잔을 들었다. 여기에서 얻은 교훈은 '메모는 머리로만 해서는 안 된다.'는 것이다.

우리는 살면서 많은 정보를 만난다. 그러나 머리를 스치고 지나가는 영감은 그렇게 많지 않다. 그런데도 '나중에 메모하자', '적지 않아도 어차피 다시 생각날 텐데, 뭐.'라는 생각으로 메모를 하지 않는데 절대 그렇지 않다. 메모하지 않은 영감은 망각 속으로 영원히 사라져 버린다는 것

을 기억해야 한다. 더불어 메모한 것을 잊고 그냥 스쳐 버
린다면 그것은 영원히 빛을 보지 못하는 낡은 종이로만 남
는다는 것을 알아야 한다.

07.
한 장의 메모에 '우주'가 담겨 있다

영감은 순간이다. 굳이 숫자로 말하자면 측정할 수 없을 만큼 짧다. 그리고 대사업이나 명작은 모두 한순간의 영감에서 나온다.

왜 그럴까? 그것은 아주 사소한 영감에 상상력과 창조력이 더해지면 바로 핵융합을 시작하기 때문이다. 이 상상력과 창조력은 우주보다 넓어서 끝을 알 수 없다. 문명이 이렇게까지 발달한 것도 모두 이러한 영감과 창조력 덕분이다. 물론 비즈니스도 마찬가지다.

그렇다면 상상력과 창조력은 도대체 무엇일까? 한마디로 상상력이란 한 조각을 보고 전체를 그리는 능력이고, 창조력은 상상력을 구체적인 형태로 길러 내는 능력이다.

어쨌든 근본은 발상에 있다. 발상이 없으면 상상력도 창조력도 발휘할 수 없다. 발상이야말로 상상력과 창조력에 불을 지필 수 있는 근원이며, 한 순간의 발상도 놓치지 않기 위해서 하는 행동, 그것이 바로 메모하는 습관이다.

어떤 사람은 체계화되지 않은 메모는 도움이 되지 않는다고 말하는데 내 생각은 그렇지 않다. 오히려 체계가 잡혀 있지 않기 때문에 도움이 된다고 생각한다. 다시 말해 작은 망으로 금붕어를 살짝 건져 올리듯 발상을 떠내고, 거기에 주제라는 스포트라이트를 비추면 발상은 상상력과 창조력을 먹이 삼아 점점 크게 자라는 것이다. 그리고 이 주제는 여러분이 날마다 씨름하는 일이며, 문제의식이라고 말하면 더 쉽게 이해될 것이다.

상상력과 창조력을 자극하자. 그러면 부가가치 있는 일이 생길 것이다. 아마 여러분이 그만 하고 싶어서 뚜껑을 달을 때까지 샘솟을 것이다.

2

메모하는 방법은 훔쳐서 써라

01.
잘 나가는 시나리오 작가의 메모하는 방법

아무리 창조성이 뛰어난 사람이라고 해도 반드시 위축될 때가 있다. 위축된다는 말은 발상이 떠오르지 않는 상태를 의미하는데 이렇게 막다른 상황에 몰렸을 때 거기에서 헤어나는 방법은 사람마다 다르다.

어느 인기 있는 시나리오 작가는 작품을 쓰다가 적당한 대사가 떠오르지 않을 때는 기분 전환도 할 겸 지하철을 타고 한바퀴 돈다고 한다. 전철 안에서 다양한 사람들이 나누는 이야기를 듣다 보면 영감이 떠오르기 때문이다. 그 밖에도 한 트랜디 드라마 작가는 주인공과 비슷한 사람이 실제로 모이는 장소에 가서 대사를 얻는다고 한다. 그는 특히 번화가의 깔끔한 카페로 자주 가는데 거기에 가면 다양한 사람들이 많아 도움이 된다고 한다.

"많이 기다렸어? 미안해, 잠깐 전화하느라."

친구를 기다리던 한 여성이 뒤늦게 도착한 두 명의 친구와 합석해 대화를 나누기 시작한다.

"제발 부탁이니까 웃으면 안 돼."

그 여성은 가방에서 사진을 꺼내 친구들에게 보여준다.

"히토미의 애인처럼 잘생기지 않았지."

"그렇지 않아. 아주 다정할 것 같아. 잘 어울려."

세 사람이 입을 모아 다른 한 친구의 애인을 칭찬한다.

옆자리에서 이 모습을 가만히 지켜보던 작가는 기회를 놓치지 않고 탁자 위에 놓인 냅킨에 메모한다. '그렇군. 못생긴 남자라도 다정하면 좋은 소리를 듣는군. 또 여자들은 친구들의 의견을 중요하게 생각하는 특성이 있어.'라고 적으며 흐뭇한 미소를 짓는다.

이것은 내 주변 인물들의 실제 이야기다. 전자가 언어의 양식가養殖家라면 후자는 수렵가狩獵家라고 해야 하지 않을까?

02.
체험보다 뛰어난 메모 방법은 없다

시나리오 작가가 지하철을 타는 것도, 카페를 찾는 것도 모두 멋진 대사를 얻기 위해서였다. 이처럼 주변의 모든 것은 정보의 발신지가 된다. 그리고 이런 정보는 모두 1차 정보이기 때문에 중요한 가치가 있다. 1차 정보란 스스로 얻은 정보다. 이를테면 책을 읽고 느낀 점을 메모하거나 길을 걷다가 힌트를 얻어 그 자리에서 수첩에 써 넣은 정보를 말한다.

내가 앞서 예로 들은 작가들뿐 아니라 뛰어난 경영자들도 이러한 1차 정보를 매우 중요시한다. 예를 들면, 이토요카도^{일본 최대의 유통 그룹}의 명예회장 이토 마사토시^{伊藤雅俊}는 아오야마^{青山}와 하라주쿠^{原宿}를 중심으로 문을 연 카페들을 탐색하러 다녔다. 이런 가게는 도토루나 스타벅스처럼 대중적이지는 않지만 유행에 민감한 10·20대 젊은이들 사이에서는 유명한 가게다.

이런 정보 발신지에 모이는 사람들은 주로 유행의 첨단을 달리는 젊은이들이다. 그들의 감각만 봐도 지금 어떤 패션이 유행하고 있는지, 앞으로 어떤 방향으로 나아갈지 단번에 알 수 있다. 따라서 유통업에 종사하는 사람, 특히 바이어는 꼭 가 봐야 할 장소이다.

이토는 하루에 다섯 집이나 들렀다고 한다. 그리고 '차뿐만 아니라 요리도 맛있고 싸다.', '일본식 요리까지 있고, 삼겹살 찜을 시키면 밥도 준다.', '손님 접대도 기분 좋았다.' 등등 현장에서 느낀 점들을 메모했다.

체험보다 좋은 메모 방법은 없다. 미국에서는 흔히 "벌거벗은 임금님이 되고 싶지 않으면 MBWA Management by Walk Around 하라."는 말을 하는데, 이 말은 '남들이 다 아는 일을 나만 모르는 어리석은 사람이 되고 싶지 않으면 여기저기 돌아다녀라.'는 뜻이다.

왜 이것저것 공부하려고 하지 않을까?
왜 많은 경험을 쌓으려고 하지 않을까?

가치 있는 정보는 늘 현장에 있다.

반복해서 말하지만 체험보다 뛰어난 메모 방법은 없다. 자기 몸으로 얻은 정보만 피가 되고 살이 된다. '능력 없는 경영자는 현장을 모르는 경우가 많고, 성공하는 경영자는 철저하게 현장주의라는 점'을 상기하면 금세 이해가 될 것이다.

03.
프로파일링 메모로 한 번에 역전한 상사

　영업사원은 고객을 만날 때 메모하는 방법으로 가장 큰 덕을 본다. 내가 영업사원이던 시절에도 고객관리대장이 있었는데 여기에는 단골 거래처의 주소, 전화번호, 담당 부서, 책임자와 담당자의 이름, 매상실적, 납입품목 등이 기록되어 있었다. 특히 비고란에는 '특기사항'이라는 항목이 있었는데 다른 정보들은 컴퓨터를 두드리면 바로 알 수 있는 것들이지만 특기사항은 그렇지 않다. 실제로 고객과 만나서 직접 얻은 메모이기 때문에 가치가 있다. 그러면 구체적으로 설명해 보자.

　수년 전에 있었던 일로 모 종합상사의 미국 현지법인에 근무하는 영업사원의 경우를 예로 들겠다. 그는 여러 사람과 팀을 이뤄 미국의 대기업에 섬유제품을 납품하려고 했다. 물론 철저한 업무분담으로 고객의 프로파일링을 만들어 활용했다. 그들은 책임자부터 말단사원에 이르기까지 각자의 업무 담당분야, 경력, 배경, 가족관계, 주소, 좋아하는 스포츠나 음식, 주량까지 철저히 조사해 메모했다. 물론 하루아침에 다 이루어진 것은 아니고 눈물겨운 노력으로 오랜 시간에 걸쳐 얻어진 것들이었다.

그런데 2년이란 시간이 지나도 생각처럼 성과가 오르지 않았다. 정확히 말하면 제로였다. 그 업체 사장은 납품처를 바꿀 생각을 전혀 하지 않았다. 그래서 그는 상사商社 직원으로서 실격이라는 낙인이 찍혀 개발도상국의 '나 홀로 사무실'(직원 없이 혼자서 일하는 지사)로 쫓겨 가든지 국내로 돌아와 찬밥 신세가 되든지 둘 중의 하나가 될 처지였다.

그런데 갑자기 외국 기업의 사장이 해고된다는 소문이 돌았다. 이때 상사 직원은 어떻게 했을까? 그는 뜻밖에도 사장을 만나고 싶다는 생각이 들었고, 사장에게 전화를 걸었다.

"저녁이라도 함께 하는 게 어떻습니까? 제가 대접하죠."
"어떤 의미입니까? 지금 나를 비꼬는 겁니까? 나는 당신

한테 아무것도 해준 게 없잖소. 내가 그만큼 실적을 올려
준 ○○상사조차 나를 못 본체 하는데 말이오."

"하하, 그렇게 우리 물건을 사달라고 해도 깨끗하게 거
절했던 당신의 확고함에 경의를 표하고 싶다는 뜻이죠. 그
래도 2년이란 시간을 함께 했으니 마지막 작별인사라도
해야 되지 않을까요?"

"좋아요, 그렇다면 만나죠."

이렇게 만난 두 사람은 저녁을 함께 했고, 그 사장은 헤
어질 무렵에 상사 직원에게 일급 정보를 주었다.

"내 후임은 대학 때 같은 과에 다녔던 녀석입니다. 같은
과라고는 해도 친하지 않았기 때문에 말을 한 적은 없지
요. 하지만 그 녀석의 성격은 잘 압니다. 좋은 정보를 하나
주지요. 그 녀석은 일찍 출근합니다. 특히 첫 출근하는 날
에는 남들보다 아주 일찍 와서 자기가 일하는 모습을 주위
사람들에게 보여 주는 걸 좋아하죠. 만일 교섭을 하고 싶
다면 이 기회를 놓치지 않는 게 좋을 겁니다. 후임자란 어
쨌든 전임자가 하던 일을 부정하고 싶어 하니까. ○○상
사의 일을 빼앗을 수 있는 기회는 지금뿐일 겁니다."

"어째서 그런 얘기를 저한테 하시죠?"

"왜요? 이상합니까?"

"아니오. 그렇지 않습니다! 감사해서 그렇습니다. 정말 큰 도움이 되었습니다."

그는 이 정보를 머릿속에 새겨 넣고, 밤을 새워서 자료를 준비했다. 그리고 날이 밝기가 무섭게 회사 앞으로 나가 캔커피를 마시면서 후임자를 기다렸다. 그러자 생각대로 후임으로 보이는 남자가 걸어오는 게 아닌가? 그렇게 일찍 출근하는 사람은 아무도 없었기 때문에 한눈에 알아볼 수 있었다.

그러고 나서는 어제 저녁에 들은 대로 일을 진행했다. 일찍 출근한 후임자에게 상품의 특징, 각 상사의 사정과 이로운 점, 불리한 점, 나아가서는 앞으로 부하가 될 사람의 성격과 실패담까지 잇따라 말해 주었다. 그때까지 꾸준히 정리해 두었던 프로파일링 메모가 많은 도움이 되었음은 두말할 필요도 없다. 그리고 결국 계획대로 계약을 따냈다.

이것이 바로 메모하는 방법의 승리가 아니면 무엇이겠는가?

04.
메모로 매상을 배로 늘린 호텔 왕

가치 있는 프로파일링은 누구나 알 수 있는 정보가 아니다. 직접 만나서 이야기를 하지 않으면 파악할 수 없다. 다시 말해 '직접 얻은 메모'란 것이다.

나도 경험이 있는데 인사이동이나 전근으로 후임자에게 인수인계할 때가 있다. 그런데 이때 관리대장 등에 정보가 상세하게 적혀 있다면 그대로 쓰레기통에 넣는 편이 나을지 모른다. 그보다는 하루빨리 내가 직접 몸으로 파악한 메모를 작성해야 한다. 구체적으로 말하면 고객의 성격이나 버릇이다.

출세지향이 강한 사람인가? 주위에 믿고 따르는 사람들이 많은가? 회사 내에서의 평가는 어떤가? 사고방식은 논리적인가? 의리와 인정을 중시하는 사람인가? 술은 어느 정도나 하는가? 어떤 술집을 좋아하는가? 이렇게 발로 뛰어서 얻은 개인 정보가 확실히 힘을 발휘한다. 직원 기록이나 사보에 나와 있는 공개된 정보로 만족해서는 안 된다. 한마디로 '당신만 아는 정보'를 만들어야 한다는 것이다.

친하게 지내는 유명 호텔의 경영자는 메모하는 방법으로 해마다 호텔의 매출을 배로 늘렸다. 그 사람의 메모하는 방법은 고객의 인맥을 철저하게 파헤친 것이었다.

호텔은 개인 숙박뿐 아니라 전시회나 간담회, 창업 기념 파티를 여는 단체의 이벤트로도 매상을 올린다. 그렇기 때문에 법인을 상대하는 영업 사원은 밤낮으로 일본 전체의 기업들을 찾아 뛰어다닌다. 그러나 예고 없이 찾아가는 영업으로는 성과를 올릴 수 없다. 그보다는 능력 있는 사람의 명함이나 소개장을 이용해 고위 간부를 만나는 편이 효과적이다. 특히 일본이든 해외든 유명인사끼리는 인맥이 서로 얽혀 있다. 이것은 경제 단체 모임에 가보면 한눈에 알 수 있다. 그렇기 때문에 누군가 한 사람이라도 좋으니 힘 있는 사람을 돌파구로 삼아 덩굴식으로 영업을 펼치면 충분히 성과를 올릴 수 있다.

그 호텔의 경영자도 이러한 사실을 잘 알고 있었다. 그래서 어떻게 했을까? 그 경영자는 철저하게 메모했다. 누구와 누가 동창인지, 기업 그룹은 어떻게 짜여 있는지, 재계 활동에서 친인척 관계가 있는지, 낚시 동료, 바둑 동료, 마작 친구, 노래방 친구는 누구인가? 텔레비전, 신문, 잡지를 통해 정보를 얻는 것은 물론 실제로 만나 이야기를 듣거나 소문으로 들은 것까지 모두 메모했다. 그리고 그것을 컴퓨터에 입력해서 자기뿐만 아니라 부하 직원에게도 철저하게 가르쳤다.

그러면 과연 이 정보는 어떻게 활용되었을까? 정보를 그냥 내버려 두면 아무런 도움이 안 된다. 어떻게 활용하느냐에 따라 정보는 빛을 발한다.

"앞으로 5년 이내에 창업 축하 행사를 예정하고 있는 법인의 명단을 모두 뽑는다. 그리고 그 회사의 관계자를 알아내라. 가능한 사장, 회장을 직접 만나는 방법이 가장 좋지만 안 된다면 이런 일은 대개 총무부가 담당하니까 총무부장이나 담당임원, 비서실장이라도 좋다. 그것도 안 된다면 그 기업과 친하게 지내는 사람, 특히 은행 간부에게 소개장을 받으면 좋다. 다음은 몸으로 직접 부딪쳐서 얻어낸다. 지금부터 준비하면 다른 회사에게 빼앗길 염려는 없다. 서둘러!"

이렇게 해서 차례차례 영업을 해 나갔다. 물론 영업 성적이 생각보다 훨씬 좋았던 것은 말할 나위도 없다.

여기에서 주목해야 할 점이 있다. 창업 축하 행사에 관한 정보는 공개된 것이기 때문에 누구나 알 수 있다. 따라서 이런 정보는 별로 가치가 없다. 효과를 발휘하는 정보는 가치 없는 일반 정보가 아니라 여러분만의 프로파일링이라는 점이다. 이 경우에는 '사람 정보'가 효과를 발휘했다. 누가 어떤 인맥을 가지고 있는지, 누구와 누가 어떤 배경으로 이어져 있는지, 소위 말하는 '친구의 고리'를 더듬어 가면서 비즈니스를 전개해 성공을 거둔 것이다.

나는 이 호텔 경영자의 방식을 '덩굴식 일망타진 메모방법'이라고 부른다.

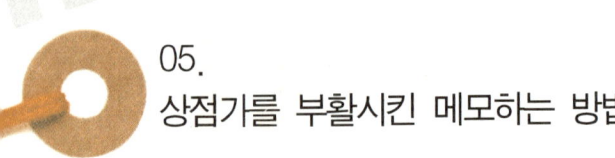

05.
상점가를 부활시킨 메모하는 방법

　호텔은 서비스업이기 때문에 인간관계가 매출에 많은 영향을 끼친다. 이것은 일류 호텔부터 지방의 작은 호텔까지 모두 마찬가지다. 그러므로 호텔 관계자는 그 지역의 크고 작은 모임에 반드시 참석해서 잊지 말고 명함을 돌려야 한다. 자신을 알리는 것이 곧 비즈니스로 이어지기 때문이다.

　이는 갑작스런 매상 하락으로 곧 문을 닫을 위기에 처한 상점가를 다시 일으킨 비즈니스 수법과 비슷하다.

　상점가의 주인들이 호텔 영업 사원들과 결정적으로 다른 점은 단 하나다. 전혀 발품을 팔지 않는다는 점이다. 상점가는 상권이 이미 정해진 곳에 고객이 물건을 사러 오는 형태이기 때문에 늘 손님을 기다리기만 한다. 따라서 밥그릇의 크기가 정해져 있기 때문에 경쟁 업종이 진출하는 것에는 누구나 반대한다. 이미 정육점이 있으면 다른 정육점이 문을 열면 안 된다. 게다가 대형 할인점이 들어서면 손님을 몽땅 **빼앗아** 가기 때문에 절대로 문을 열지 못하게 한다. 4, 50년대는 상점가가 일치단결해 대점법大店法: 소규모 소매점포법, 지금은 대규모 소매점포입지법으로 개정까지 만들어서 방해했다.

하지만 자가용을 이용하는 사람이 늘어나면서 넓은 교외에 대형 할인점이 생기기 시작했다. 결국 아무도 상점가를 찾지 않게 되었고 지금은 '셔터 거리'나 '유령의 거리'라고 불린다. 현재, 상점가 중에서 그나마 장사가 되는 곳은 이러한 대형 할인점을 유치해서 함께 사는 길을 모색한 지역뿐이다. 그 사람들은 쓸데없이 걱정하거나 시대의 흐름을 거스르지 않고 오히려 그것을 활용하려는 용기가 있었다. 엄청난 고객을 모으는 할인점을 역으로 이용해서 자신들의 살길을 찾았던 것이다. 셔터 거리 중에서도 시대의 흐름에 순응해서 어떻게 장사를 해야 할지 궁리하고 연구한 점포는 지금도 장사가 된다.

한마디로 모든 상점가가 쇠락한 것은 아니라서 같은 상점가라도 아주 일부의 승리한 곳과 다수의 패배한 곳이 섞여 있다. 예를 들면 어떤 레스토랑은 외식산업이 교외로 많이 진출하는 데도 시내에서 건투하고 있는데, 그 비밀은 '메모하는 방법'에 있다. 이 가게에서는 고객 정보를 분석해서 결혼기념일이나 생일, 아이의 입학과 졸업, 어버이날, 밸런타인데이, 화이트데이 같은 기념일마다 고객에게 메일로 알려준다. 물론 "오늘부터 한 달 이내에 이용하세요. 특별 메뉴로 모시겠습니다!"라는 글도 빼놓지 않는다.

중요한 고객 정보는 손님이 처음 가게에 왔을 때, 주문한 요리가 나오기 전에 설문지를 기입하게 한다. 그리고 이렇게 만들어진 정보는 컴퓨터로 관리한다.

이런 정도는 상점가의 가전 용품점이나 쌀가게, 술을 파는 가게 등 어디에서나 할 수 있고, 상점가가 하나가 되어 통합적으로 전개하는 방법도 효과적일 것이다.

06.
위트 있는 메모로 직장 생활을 활기차게

　직장에서 메모하는 방법에 대해 소개해 보자.

　직장은 일을 하는 곳으로, 날마다 인간관계가 이루어지는 곳이기도 하다. 따라서 딱딱한 전쟁터가 아니라 가능하면 마음 편하게 지낼 수 있는 장소이기를 바라는 것은 나뿐만이 아닐 것이다.

　마음 편하게 지낼 수 있으려면 직장에 웃음이 넘쳐야 한다. 그렇다고 해서 사무실이 늘 웃음바다일 필요는 없다. 잠깐이라도 좋다. 아주 잠깐씩이라도 기분 좋은 방향제처럼 주위 환경을 바꿔 줄 정도면 된다. 웃음은 파동과 같아서 모든 사람의 마음을 편안하게 하는 효과가 있다.

　"웃음이 끊이지 않는 직장이라고? 그런 직장은 긴장감이 없어서 안 돼!"라고 말하는 사람도 있겠지만, 이런 사람은 이미 한물 간 관리직이라고 반성해야 한다. 쥐 죽은 듯 조용한 사무실에 숨소리만 들린다고 상상해 보자. 전화벨이 울린다. 전화 받는 소리도 소곤소곤 숨어서 하는 것처럼 말한다. 이런 직장에서 일하면 숨이 막힐 것 같다.

하지만 메모하는 방법을 염두에 두면 나름대로 유머 넘치는 환경을 연출할 수 있다. 이를테면 튼튼한 골판지에 '○○과장은 지금 ~입니다.'라고 쓴 안내판을 만든다. B5~A4 크기의 직사각형으로 만드는데, 책상 위에 놓아두는 것이므로 일하는 데 방해가 되어서는 안 된다. 요즘은 책상마다 컴퓨터가 놓여 있으므로 공간을 효과적으로 이용해야 한다.

안내판은 긴 쪽을 가로로 해서 맨 윗줄에 '○○과장(부장이든 계장이든 좋다)은 지금 ~입니다.'라고 크게 쓴다. 다음에는 그 아래 부분을 세로로 둘로 나누어 오른쪽에는 시계(시침과 분침만)를 그리고 왼쪽에는 시계와

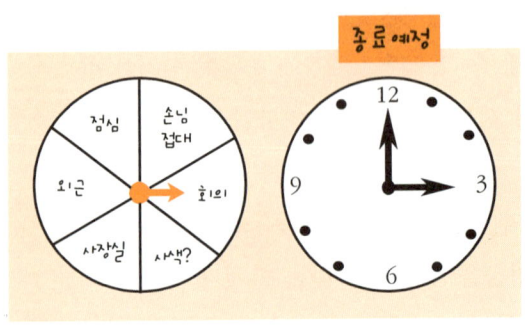

같은 크기로 원을 그린다. 이 원을 같은 크기로 나누어 직장에서 하는 일을 기록한다. 이를테면 회의, 상담, 출장, 점심식사, 사장실, 화장실 등 여러 가지가 있다. 이 원의 중심에는 마음대로 움직이는 화살표가 있어야 한다.

이 시계와 원, 2가지를 조합하면 어떤 것을 만들 수 있을까? 이것만 보면 그 사람이 자리에 없어도 어떤 일을 하고 있는지 주위 사람들이 한눈에 알아볼 수 있지 않을까? 이것은 아무 말 하지 않아도 주위 사람들에게 정보를 전하는 메모다. 더구나 재미있다. 화장실은 일부러 써 놓지 않고 '……'로 해도 재미있고, 사색중이라고 해도 좋다. 그것은 여러분의 기지를 발휘해서 하면 된다. 어쨌든 주위 사람들에게 알리는 메모하는 방법의 일종이라고 할 수 있다.

07.
화이트보드로 정보를 공유한다

대학에 가면 학부마다 게시판이 있다. 학교에 가서 가장 먼저 확인해야 하는 것이 바로 이 게시판이다. '나카지마 교수님 오늘 휴강'이라든지 '나카지마 교수님의 경영학은 ○○교실로 바뀌었습니다.'라는 내용을 확인할 수 있다. 시험기간이라도 되면 '교과서 지참 가능', '사전 지참 불가'라는 글을 게시하므로 이를 점검하지 않으면 성적에도 막대한 영향을 미친다.

나도 게시판을 보지 않았다가 영어시험을 혼자서만 실력으로 풀었던 적이 있다. 사전을 볼 수 있다는 사실을 몰랐기 때문에 나만 사전 없이 시험을 본 것이다.

게시판에는 학생에게 가장 중요한 정보가 게시되므로

이것을 무시하고 지나치는 학생은 좀처럼 없다. 말하자면 벽을 이용한 메일 매거진이다. 한 곳에 게시해 두면 모든 사람들이 볼 수 있어 정보의 공유화를 할 수 있다. 그런 의미에서 보면 메일링리스트_{특정 멤버와 전자우편으로 정보나 메시지를 교환하는 시스템}에 가까울지도 모른다.

게시판을 이용하면 매우 편리하므로 여러분의 직장에서도 한번 활용해 보자. 바로 화이트보드를 이용하는 것이다. 화이트보드는 그저 써 놓기만 하면 널리 알릴 수 있는 도구가 된다. 특히 판매회사에는 영업 사원이 많다. 아침부터 저녁까지 영업을 하기 위해 거의 외출한다. 따라서 누가 어디에 갔는지 전혀 알 수가 없다. 지금 유행하는 위성회선을 사용해 위치를 알려주는 서비스(GPS 이용)도 있지만, 이것은 여러 가지 사정으로 현장에서 인기가 없기 때문에 도입하는 회사가 적다. 그러므로 화이트보드에 자신이 외출하는 곳을 크게 메모해 두는 것이 좋다. 이때 가장 중요한 것은 돌아오는 시간이다.

"네, 나카지마 씨 말입니까? 지금 외근중이십니다. 잠시만요(화이트보드를 보고 확인하면서). 네, 5시 반에는 돌아올 겁니다. 그때 통화하실 수 있습니다."라고 하면 된다.

일주일 정도 걸리는 출장이라면 '후쿠오카^{福岡}, 구마모토

熊本 ○월 ○일 귀국 예정'이라고 메모한다.

화이트보드에 메모하는 목적은 하나다. 한 번 보고도 알 수 있을 만큼 분명하기 때문에 일일이 주위 사람들에게 물어 보지 않아도 된다. 누구든 업무에 집중하고 있을 때 "어이, 나카지마 어디에 갔지? 화장실 갔나?"라는 질문은 듣고 싶지 않다. 그러나 화이트보드에 적혀 있으면 누구의 업무도 방해하지 않고 일을 해결할 수 있다.

이것은 가정에서 현관에 걸어 놓고 정보교환의 도구로 활용할 수도 있다. 제목은 '오늘의 예정'이라고 해도 좋고 '이번 주 일정'이라고 해도 좋다.

'저 녀석도 꽤나 바쁘군. 월수금은 입시 학원에 가야 하니 나보다 시간이 더 없네. 집사람은 화요일에는 학부모 모임에 가고, 수요일과 목요일에는 대청소를 하는군. 나는 화요일하고 목요일은 늦게 온다고 적어야지. 게다가 이번 주 금요일은 내 생일이니까 꼭 선물을 준비하라고 덧붙여야겠군.'

이렇게 하다 보면 화이트보드는 바쁜 가족들이 손쉽게 대화를 나눌 수 있는 공간이 되기도 한다.

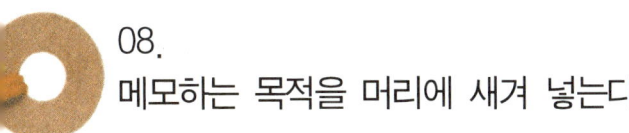

08.
메모하는 목적을 머리에 새겨 넣는다

여기에서 잠깐 일을 잘하는 사람은 메모를 어떻게 사용하는지 정리해 보자.

메모의 대상은 다른 사람에게 전하는 메모와 나에게 전하는 메모, 이렇게 두 종류로 나눌 수 있다. 또 메모하는 목적은 크게 6가지로 나눌 수 있다. 그럼 차례대로 살펴보도록 하자.

❶ 글로 기억한다.

앞에서 사람은 '기억하는 능력보다 잊어버리는 능력이 훨씬 뛰어나다.'고 했다. '이것', '저것'이라는 대명사만 기억날 뿐, 아무리 기억하려고 해도 정확한 이름은 떠오르지 않는다. 확실히 나이를 먹을수록 더 심하다.

메모하는 가장 큰 목적은 글로 기억하기 위해서다. 예를 들면 영업 사원이 즉시 활용할 수 있는 메모 방법이 있다. 내가 영업사원 시절에 했던 방법으로 경리부에 제출하는 교통비 정산용지를 외근할 때 가지고 가서 교통비를 쓸 때마다 적는 것이다. 그런데 내가 아는 영업 사원들은 대부분 수첩에 일일이 메모를 하고, 나중에 회사에 가서 정산용지에 다시 한 번 기입한다.

"그러면 일을 두 번 하는 꼴이 아닌가요? 한 번에 끝내는 게 낫죠. 경리에게 정산용지를 여러 장 받아 교통비를 쓸 때마다 적은 뒤에 제출하는 게 편할 텐데."

지금은 교통비를 컴퓨터로 관리하기 때문에 자동적으로 정산되는 경우도 있지만 영업 사원처럼 거래처를 돌아다니는 사람은 '그때그때 처리하는 것'이 가장 좋다. 더구나 메모는 한 번만 하면 된다. 이것은 며칠 걸리는 출장에서도 마찬가지다. 정산용지에 계속해서 써넣기만 하면 된다. 다시 말해 정산용지에 메모한다는 뜻이다.

보고서를 정리할 때도 메모를 이용하면 좋다. 예를 들면 갑자기 "10일에 걸친 미국 출장 보고서를 제출하라."는 말을 들었을 때, 그 자리에서 보고서를 쓰기 시작하는 사람은 없을 것이다. 대부분 수첩에 적은 메모를 참고로 해서 '이 날은 무슨 일이 있었지?', '이 날은 음……, 그래 그 회사에 갔었지.'라는 생각을 떠올려야 겨우 완성할 수 있는 게 일반적이다.

메모는 어디까지나 자료다. 다시 말해 보고서를 정리할 때는 먼저 메모를 보면서 전체적인 짜임새를 생각한다.

· 결론은 무엇인가?
· 그 이유를 3가지로 좁혀서 설명한다.
· 설명할 내용을 어떻게 전개할까?

이 3가지를 정확히 메모한다. 메모가 자료라는 이유는 여기에 있다.

❷ 발상을 놓치지 않는다.

앞에서 「소리 내어 읽고 싶은 일본어」를 예로 들었지만, 메모하는 방법의 요점은 '기억을 대신하는 것'보다도 머릿속에 떠오른 발상을 놓치지 않는 데 있다. 요컨대 발상은 순간적으로 생각난 것이므로 놓치면 기회를 잃는다는 사실은 내가 실패를 통해서 얻은 교훈으로 머릿속에 뭔가 떠올랐다면 곧바로 메모해야 한다.

'이런 건 말도 안 되겠지.', '그만 두자, 그만 둬. 어차피 안 될 텐데.' 하는 부정적인 사고방식은 혁명적인 신상품 개발이나 조직혁신을 방해한다.

일본의 대중음식이라고 할 수 있는 카레라이스를 예로 들어 보자. 일본 사람들이 카레의 맛을 처음 안 것은 지금부터 140년 전이다. 존왕양이尊王攘夷: 1853년 미국의 페리 선장이 이끄는 검은 배 한 척이 개항을 요구하며 일본 막부의 수도인 도쿄만에 나타났을 때 대부분의 무사들이 천황에게 권력을 집중시켜 외세의 진출을 막자고 했다. 우리로 말하자면 쇄국과 같다의 혼란 속에서 막부가 파견한 유럽 사절단 일행이 인도양 위에서 먹은 음식이 그것이다.

카레라이스는 2차 대전을 전후해 맛있는 요리로 선풍적인 인기를 끌었지만 처음에는 너무 매워서 아이들은 먹기 어려웠다. 어른들 입맛에 맞는 음식이라는 것도 마케팅 전략상 이점이 있을지 모른다. 하지만 만일 어린이들까지 먹을 수 있다면 시장은 단숨에 넓어진다. 식품회사로서는 꼭 도전해 보고 싶은 테마였을 것이다.

하지만 이런 말은 지금 하는 소리지 당시에는 그런 발상을 내놓기 어려웠다. 왜일까? 카레는 매운 음식이라는 것이 고정관념이며 상식이었기 때문이다. 그럼에도 '달콤한 카레를 만들면 어떨까?' 하는 발상을 한 우라가미 야스시 타스쿠浦上靖介: 당시 하우스 식품 공업 사장 씨는 매우 이상한 사람이 라는 소리를 듣지 않았을까? 아무튼 그런 일은 불가능하다 며 시도하려는 생각조차 하지 않는 것이 보통이었지만 그 지시를 받은 직원들은 적극적으로 연구를 전개했다. 그리 고 전 세계를 찾아다닌 끝에 미국의 버몬트 주에서 사과와 꿀벌로 달콤한 카레를 만든다는 사실을 알아냈다. 그리고 그것이 지금까지 이 회사의 달러박스가 되고 있는 '하우스 버몬트 카레'다.

발상과 착상은 아무 때나 떠올랐다가 사라지고, 사라졌 다가 떠오른다. 그 비율을 계산한 의학자의 말로는 우리의 생각 중에 갑자기 새로운 정보가 떠오르는 것은 겨우 3퍼 센트이고, 나머지는 상식과 고정관념이 압도적으로 많다고 한다. 이 말은 상식을 뛰어넘은 발상과 착상은 그것만으로 희소가치가 있다는 뜻이다. 이 사실을 인식하지 못하고 '어차피 무리야.', '또 쓸데없는 생각을 했군.' 하고 머릿속 으로 부정하면 자기 손해일 뿐이다.

'이상한 생각'은 '멋진 일'로 이어진다는 발상의 전환을 하자. 그리고 반드시 메모를 하자. 그러면 달콤한 카레는 만들지 못하더라도 일확천금의 아이디어는 튀어나올 것이라고 보증한다.

❸ 구상을 연마한다.

'뭘 해 먹을까?' 하면서 냉장고 속을 들여다본다. 냉장고 속에는 감자, 돼지고기, 양파, 당근이 남아 있다. 이것을 잘 메모해서 슈퍼에 간다. 이 재료로 만들 수 있는 요리는 많겠지만 일단 4가지만 나열하겠다.

카레, 돼지고기 감자조림, 스튜, 크로켓

'아빠는 돼지고기 감자조림을 좋아하고 아이는 카레, 나는 스튜가 좋아.'라고 생각하면서 오늘이 며칠인지 따져본다. '23일, 월급날까지 이틀 남았다. 아이가 카레를 좋아하니 그게 좋겠군. 게다가 카레라면 루_{밀가루를 기름이나 버터로 지진 것}만 사면 많이 만들 수 있으니 이걸로 월급날까지 계속 먹어야지.'

구상이란 사실 이렇다. 그것은 막연한 생각에서 나오는 것이 아니다. 뛰어 오르려면 발판이 필요하다. 카레에 적용시켜 보면 냉장고에서 재료를 확인한 것이 발판이 된다.

다시 말해 감자, 돼지고기, 양파, 당근이 있다는 메모라는 발판 덕분에 잇따라 다음 발상이 떠오른 것이다. 재료가 없으면 발상은 나올 수 없다.

앞에서 보고서에 대해 이야기를 했는데, 먼저 어떤 것으로 할지 전체의 내용이나 규모, 실현 방법 따위를 이리저리 생각해서 정리한 다음에 착수한다. 이것을 구상이라고 한다. 구상 속에 결론이 있고 그 결론을 이끌어 낼 논거(이유)가 있다.

이것을 카레에 적용시켜 정리하면 다음과 같다.

· 구상
  : 이런 재료라면 4가지 요리를 생각할 수 있는데, 오늘은 월급 날 전이라는 점과 3일 동안 먹을 만큼 경제적인 메뉴일 것, 아이가 좋아할 것, 이 3가지를 고려해서 카레를 만들자.

· 결론
  : 카레!

· 논거
  : '월급날 전이라는 점', '3일 동안 먹을 수 있을 만큼 경제적이라는 점', '아이가 좋아한다는 점'을 모두 충족시킨다.

문제는 카레를 만들 때만 그런 게 아니다. 주변의 모든 일은 소재를 살린 시나리오를 쓰는 것으로 진행된다는 사실을 잊어서는 안 된다.

❹ 발상을 부연한다.(확장지향)

일본의 대표적인 음식은 카레만이 아니다. 라면도 유명하다. 전국 방방곡곡에는 그 고장 특유의 라면이 있다. 편의점에 가면 다양한 고장 특유의 라면을 볼 수 있다. 이 상품들은 식품 회사가 노력해서 개발한 것임에 틀림없지만 본래 각 지역에서 이름 난 브랜드 라면을 전국적으로 보급하기 위해 개발한 것이다.

아무리 대기업이라 해도 상품기획부의 조사원이 수백 명이나 되지는 않는다. 대개 열 명 정도일 것이다. 그런 인원으로 전국의 라면 가게 정보를 꿸 수는 없다. 그렇다면 어떻게 수많은 라면 정보를 얻을 수 있었을까? 정답은 역시 인터넷이다. 인터넷이라면 눈 깜짝할 사이에 엄청난 양의 정보를 모을 수 있다.

컵라면 업계의 대표 주자인 닛신日淸식품은 자사 사이트에 '고장 라면 발굴 콘테스트'를 전개했는데 순식간에 무려 856명이나 되는 사람들이 정보를 올렸다. 더구나 응모자들 대부분이 하루 세끼를 라면만 먹어도 질리지 않는다고 할 정도의 라면 광이어서 단순히 라면 정보만 올리는 것이 아니라 자신이 알고 있는 온갖 지식을 총 동원해 글을 올렸다.

"우리 마을의 ○○라면은 세계 제일이다. 왜냐하면 돼지 뼈 우린 국물과 간장을 섞어서 만든 스프에다가 면도 집에서 직접 뽑아서……."라며 상세한 메모를 전자 우편으로 보냈던 것이다.

그리고 그 결과 '와카야마和歌山 라면'과 '도쿠시마德島 라면'이 태어났고, 이후 많은 식품회사들이 지방 라면 기획에 뛰어들어 지금은 전국에서 인기 있는 라면 가게의 상품이 속속 컵라면으로 다시 태어나고 있다.

이 기획이 성공한 이유는 현장의 소비자에게 직접 생생한 정보를 받아서 제품을 개발하자고 발상을 전환한 데에 있다. 다시 말해 정보는 기업이 가지고 있는 것이 아니라 모두 현장에 있다는 사실을 인식한 사건이었다.

전문가의 메모이기 때문에 가치가 있는 것은 아니다. 제조나 판매는 초보지만 맛에 관해서는 소비자가 전문가다. 맛의 전문가가 추천한 상품에 목표를 맞추어 이번에는 기업 쪽에서 직접 먹으러 간다. 맛을 본 결과, 역시 맛있다면 상품으로 만들어 보자. 이 색다른 상품기획이 성공의 근원이다. 발상이란 자기 혼자서 생각하면 발전하지 않는다. 미심쩍다면 시장에 물어 보자. 그리고 자세히 메모하자.

❺ 발상을 정리한다.(수렴지향)

도쿄, 오모리大森에 도시락 배달로 유명한 다마고야玉子屋라는 회사의 스가와라 이사츠구菅原勇繼 사장은 원래 은행원이었는데 아버지의 식당 경영을 돕다가 전직을 결정했다고 한다. 그리고 지금은 하루 5만 끼, 연 매출 50억 엔의 기업으로 성장했다. 성장하기까지 우여곡절도 많았지만 가장 큰 위기는 식중독을 일으켰을 때라고 한다. 이것은 식품회사에 가장 치명적인 사건이다.

미쓰이三井 조선에 납품한 도시락이 식중독을 일으켰다. 다마고야 회사 내에서도 이젠 틀렸다며 회사를 그만두는 사람들이 줄을 이었다. 실제로 몇몇 회사는 거래 중지를 알려 왔다고 한다.

그러나 사장의 진심 어린 사과에 감동했던 것일까? 미쓰이 조선에서는 "앞으로도 다마고야의 도시락을 먹고 싶다."라고 했다. 스가와라 사장은 이때 도시락의 철저한 청결관리를 위해 기계화해야 한다며 상식을 뛰어넘은 비용을 들여서 기계 도입을 단행했다. 어차피 마지막이라는 각

오로 그러한 결심을 단행했는지도 모른다. 지금으로부터 20년 전의 일이다.

그리고 그처럼 과감한 행동 덕분에 지금은 연 50억 엔의 매출을 올리게 되었다. 만일 그때 기계화 도입을 하지 않았다면 이룰 수 없는 쾌거였을 것이다.

다음에 소개하는 내용은 스가와라 사장의 방에 걸려 있는 글로 제목은 '사업에 실패하는 12가지 요령'이다.

· 낡은 방법이 가장 좋다고 믿는다.
· 사물에는 제각기 전문이 있는 법이라며 자신한다.
· 시간이 없다는 핑계로 책을 읽지 않는다.
· 어떻게든 될 것이라고 생각한다.
· 열심히만 하면 가난도 이겨낼 수 있다며 무턱대고 힘든 일을 한다.
· 좋은 것은 가만히 있어도 팔린다고 안심한다.
· 월급을 많이 받는 직원 대신 싼 사람을 채용한다.
· 돈은 늦게 주는 게 득이라고 믿고 가능한 돈을 주지 않을 궁리를 한다.
· 기계는 비싸니 사람을 쓴다.
· 고객은 제멋대로라고 생각한다.

· 장사꾼에게 인정은 금물이라고 생각한다.

· 개선하지 않는다.

경영 관리란 복잡한 게 아니라 단순하다. 만일 복잡하게 말하는 사람이 있다면 그것은 아무것도 모르는 사람이다. 이 12가지 항목처럼 모두 간단하고 알기 쉬운 것뿐이다. 하지만 이 메모를 얼마나 구현할 수 있을까? "아, 그렇구나, 역시." 하고 자신의 체험에 비추어서 이해할 수 있는가? 문제는 여기에 있다.

❻ 발상을 덩굴식으로 폭발시킨다.(화학변화 사고)

과감한 M&A로 주목받는 기업가 손정의 씨를 보자. IT 버블이 붕괴되고, 나스닥이 일본 시장에서 철퇴하는 등 지금 상황은 불리하지만 손 씨는 불리할수록 아이디어가 솟아나는 타입이기 때문에 이번에는 또 어떤 일을 할지 기대된다.

손 씨의 발상법 역시 메모하는 방법에 참고가 되므로 여기에서 소개하도록 하겠다. 손 씨는 고등학교를 중퇴하고 미국으로 건너가 대학에 들어갔을 때, 스스로에게 한 가지 일과를 주었다. 그것은 하루 한 가지씩 아이디어를 짜내는 것이었다. 물론 단순한 두뇌 체조 수준이 아니라 사업화를 노린 준비였다. 그는 이미 대학 시절부터 사업 힌트를 모색했던 것이다.

그러나 아이디어를 내는 일은 쉬운 일이 아니었다. 처음 한두 달은 아이디어가 샘솟았지만 시간이 지나자 바닥을 드러내기 시작했다. 이때 손 씨는 어떻게 했을까? 여기에서 정답을 말하기 전에 묻고 싶다. 만일 여러분이라면 어떻게 했겠는가?

비즈니스란 문제를 해결해 주는 업*이다. 이를테면 슈퍼마켓은 '오늘 저녁 반찬은 무엇으로 할까?'로 고민하는 고객의 문제를 해결해 주는 장소이고, 서점은 지적 욕구로 가득한 손님의 갈증을 해소시켜 줄 책 한 권을 제안하는 업이다. 그렇다면 아이디어를 짜내기 위한 첫 번째 방법은 고객의 문제를 끊임없이 연구해야 하는 것이다. 고객을 철저히 관찰하고 문제가 무엇인지 메모하는 것.

또 한 가지 방법은 바로 손정의 식의 방법이다.(사실 나의 아이디어 발상법이기도 하다.)

먼저 두 종류의 단어장을 준비한다. 거기에 마음대로 단어를 적는다. 각각 100개 이상 적으면 두 단어장을 동시에 넘긴다. 이때 중요한 것은 아무렇게나 넘긴다는 점이다.

그리고 그렇게 나온 두 단어에 착안해서 아이디어를 짜내는 방법이다. 예를 들면 '팩스'와 '냉장고'라는 단어가 나왔다면 '팩스가 딸린 냉장고'나 '냉장고 기능이 딸린 팩스' 이런 식으로 아이디어를 내는 것이다. 이렇게 하면 15분 정도에 하나씩 아이디어를 낼 수 있다.

'그렇게 해서 제대로 된 아이디어가 나올까?' 하고 의문을 품는 사람도 있을지 모르지만 사실 그 효과는 상상 이상이다. 손 씨가 단어장을 세 권으로 늘린 무렵의 일이다. 그는 음성장치가 딸린 다국어 번역기라는 아이디어를 떠올렸다. 그리고 이 아이디어는 나중에 손 씨가 일본으로 돌아와 샤프^{SHARP}에게 아이디어를 넘김으로써 상품화되었다. 이것으로 받은 자금이 2천만 엔이었는데 그 뒤 기능이 향상된 상품을 1억 수천만 엔에 팔고 있다. 물론 소프트뱅크^{SOFTBANK}의 종자돈이 된 것은 말할 필요도 없다.

09.
메모로 능력을 개발할 수 있다

메모를 하면 여러 가지 좋은 점이 있다. 먼저 기억력이 좋아진다.

'메모해 두면 잊어도 된다고? 잊어도 된다면 기억력이 좋아질 리 없잖아?' 그렇지 않다. 기억력은 확실히 좋아진다. 그것은 메모하는 동안 머리가 아니라 손이 기억하기 때문이다. 학창시절에 "쓰면서 외워라."는 말을 들었을 것이다. 나는 영어 단어든 한자든 모두 하나씩 쓰면서 외웠다. 그렇게 하지 않으면 확실히 외워지지가 않았다. 그래서 종이에 여러 번 쓰면서 외웠다.

인간의 뇌는 엄청나게 큰 용량과 처리능력을 가지고 있는 것처럼 보이지만 사실은 상당히 엉터리다. 그렇기 때문에 머리보다 몸으로 기억하는 게 합리적이다. 물론 정확히 기억하는 것이 좋겠지만 적당히 기억해도 된다. 메모하는 방법을 익히면 여러 가지 다양한 효과를 볼 수 있는데 그 효과는 5가지로 나누어 볼 수 있다.

❶ 지적 능력을 개발한다.

메모는 자료다. 그러므로 축적함에 따라 갈수록 지식이 늘어난다. 그가 아는 것이 많다고 높은 평가를 받는 것도 메모 덕분이다.

하지만 아는 것이 많다는 말에는 '아는 것은 많지만 아무것도 못 한다.', '아는 것은 많지만 인정머리가 없다.'처럼 부정적인 의미가 포함된 경우도 많다. 다시 말해 단순한 지식 단계에서 머물러서는 안 된다는 말이다. 지식의 보고라는 말을 듣는 것도 좋지만 거기에서 한 걸음 나아가는 게 더 중요하다.

❷ 커뮤니케이션 능력을 개발한다.

메모의 중요성 중에는 남에게 전달하는 도구라는 점이 있다. 이때의 핵심은 '무슨 말을 했는가?'가 아니라 '무엇을 전했는가?', '무엇을 얻었는가?'에 있다.

예를 들면 일상에서 흔히 볼 수 있는 전화 메모를 보자. 전화 내용을 다른 사람에게 전달하는 일만큼 번거로운 것도 없다. 별 것 아닌 것 같지만 어쨌든 자기와는 관계없는 일을 남을 위해서 하는 일이다. 그러므로 메모한 뒤에는 다 잊어버리고 싶다. 더구나 언제 말을 전해야 할지 시간을 체크하고 상대에게 일일이 연락하다 보면 도저히 못하겠다고 하소연하게 된다. 이처럼 본래는 직접 말로 전하는 것이 가장 좋지만 시간적으로 도저히 그럴 수 없을 때가 있다. 그리고 말로 전하는 것은 일에도 지장을 주게 된다. 따라서 이럴 때도 메모를 이용하는 것이 좋다. 문방구에 가면 전화내용을 전달하는 용지를 판다. 이것도 종류가 많은데 공통된 내용은 다음과 같다.

- 누가 전화를 했는가? - 발신자
- 누구에게 했는가? - 수신자
- 누가 바꿔 주었는가? - 실제 수신자
- 내용, 즉 용건 - '전화 요망'이라는 난도 여기에 있다.
- 날짜, 시간
- 참고 - 어떤 것을 써도 좋다.

위의 내용 중에서 가장 중요한 것은 발신자와 용건이다. 적어도 누가, 왜 전화를 했는지 2가지 정보만 있으면 된다. 그러나 중요한 것은 마지막 참고란이다. 예를 들면 전화하는 태도로 알 수 있는 점 등을 메모하는 것이다. '화가 많이 난 것 같다.'든지 '기뻐하는 목소리였다.' 등으로 말이다. 그렇게 하면 이쪽에서 연락할 때 어느 정도 마음의 준비를 할 수 있기 때문에 큰 도움이 된다.

❸ 판단력을 개발한다.

메모한다고 해서 아무거나 닥치는 대로 베낄 필요는 없다. 그렇게 하면 중요한 발상이 떠오르지 않는다. 어떤 것이 중요하고 어떤 것이 쓸데없는지 선택하고 평가하며 선별하는 눈이 없으면 일을 제대로 할 수 없다. 일은 요령껏 해야 한다. 아무리 열심히 일해도 요점에서 벗어나면 생각한 만큼 성과를 낼 수 없다. 요점만 잘 잡으면 적은 노력으로 큰 이익을 볼 수 있다.

어떤 것이 요점인지 가려내는 것을 판단력이라고 한다. 메모는 판단력을 개발하는 데 안성맞춤이다. 이를테면 같은 메모를 보아도 A와 B는 전혀 다르게 생각한다. 그것은 단적으로 말해서 두 사람의 견해, 사고방식이 다르기 때문이다.

A가 오로지 사업만 생각하는 사람이라면 A의 머릿속은 온통 '어떻게 해야 물건을 많이 팔 수 있을까?' 하는 생각뿐이기 때문에 A의 안테나는 그것에 관한 정보만 메모한다. 반면 B가 예술 분야에 조예가 깊다면 아름다운 것에 감성이 자극을 받기 때문에 결과적으로 예술적인 것에 대한 정보만 메모한다.

또 시키는 일만 하는 사람과 회사를 맨손으로 일으켜 부자가 된 사람이 있다고 하자. 두 사람이 경영에 대한 강연을 들으면서 메모한 내용을 봐도 역시 많이 다르다. 그것은 원래 안테나(관심 분야)가 다르기 때문이다. 안테나를 잘 갈고 닦아서 폭넓고 깊이 있는 정보를 수신하려면 그만큼의 지식과 경험, 지도, 공부가 동반되어야 한다.

메모하는 습관이 생기면 '이것은 중요하고 이것은 필요 없다'고 판단할 수 있는 감성이 다듬어진다. 그 다음, 이야기 가운데 가장 중요한 것부터 우선순위를 정해 어떻게 될지를 항상 생각한다.

나는 강연을 들을 때면 반드시 종이에 적는다. 그리고 한참 강연을 듣다가 요점이 나오면 우선순위를 매긴다. 그리고 끝날 무렵에는 요점에 번호를 매겨 나중에 컴퓨터에 입력한다. 다시 말해 중요한 것만 남기고 나머지는 버리는 것이다. 어떤 것을 버릴지 선택한다는 말은 다시 말해 메모란 '정보를 줍는 기술이기도 하고, 버리는 기술'이라는 뜻으로 해석할 수 있다.

❹ 정보력을 발견한다.

정보도 수준이 다르다. 예를 들면 다음과 같다.

지식 → 정보 → 지능

단순한 지식을 두 명 이상 주고받으면 정보 수준으로 높아지고, 그것이 구체적으로 효과를 보이면 비로소 지능이 된다. 이렇게까지 되지 않으면 정보는 가치가 없다. 단순한 박식함만으로는 안 된다는 말은 일이나 인생에 활용할 수 있는 실용적인 정보가 아니면 필요 없다는 뜻이다.

메모하는 방법을 익히면 확실히 많은 정보를 모을 수 있다. 하지만 그 정보들이 지식이나 정보 수준에 머무는 한 메모는 단순한 쪽지에 지나지 않는다. 자, 이것을 어떻게 지능 수준으로 끌어올릴 수 있을까? 그것은 얼마나 명확한 주제를 가지고 정보를 응용할 수 있는가에 달려 있다.

만일 주제가 있다면 거기에 관한 정보는 눈 깜짝할 사이에 모일 것이다. 뇌는 각 정보가 주제에 맞는지 조건반사적으로 대응시키기 때문이다. 그러나 주제가 없다면 불행한 일이다. 지능이라 부를 만큼 가치 있는 정보를 결코 모을 수 없기 때문이다.

❺ 발상력을 개발한다.

인간의 뇌는 아이디어의 보고다. 다양한 발상을 함으로써 많은 가치를 개발해 왔다.

정보는 끊임없이 머릿속에 넣어야 한다. 세세히 정리할 필요는 없다. 뇌생리학자에 의하면 인간의 뇌에는 자동장치라는 시스템이 있어 컴퓨터가 정보를 처리하는 것과는 비교할 수도 없을 만큼 빠른 속도로 머릿속을 정리 정돈한다고한다. 그러므로 정보를 많이 쌓은 사람이 아이디어맨인 경우가 많다. 여러분 주위를 둘러보면 잘 알 수 있다.

"그는 발상이 풍부해.", "그녀의 아이디어는 기발해."라는 말을 듣는 인재들의 뇌는 잡학의 보고라 할 수 있을 만큼 실로 다양하고 풍부한 정보로 가득 차 있다.

여기서 한 가지 묻고 싶다. 혹시 상품이나 제품을 영어로 무엇이라고 하는지 아는가? 그렇다. '프로덕트product'라고 한다. 그러면 이 말의 의미는 무엇일까? 정답은 곱셈이라는 뜻이다. 여기까지 쓰면 이미 눈치 챘겠지만, 프로덕트는 다른 것끼리 화학변화를 일으켜 완전히 새로운 가치를 낳은 결과물을 말하는 것이다. 그리고 그것이 바로 곱이며 상품이다. 서로 다른 정보를 얼마나 뇌에 담고 있는가? 그것이 가치 있는 곱을 만들어 내는 요소다.

A와 B의 기술을 결부시켜 새롭게 C라는 기술을 만들어 내는 것은 창조력이며, C라는 기술을 만들어 내는 원동력은 발상력 그 자체다.

비즈니스맨이라면 알겠지만 세상에는 정답이 없는 문제가 많다. 이런 문제는 지식만으로는 절대로 풀 수 없다. 지식과 경험, 거기에 상상력이 더해져야 풀 수 있다. 메모가 중요한 이유는 '발상력, 상상력, 창조력'을 저절로 개발할 수 있기 때문이다.

3

메모로 터득한
'버리는 기술,
줍는 기술'

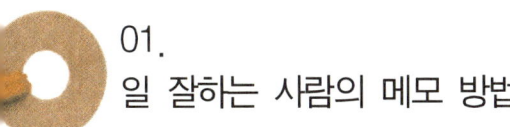

01.
일 잘하는 사람의 메모 방법

정보는 여러 방향에서 한꺼번에 몰려온다. 따라서 이렇듯 다양한 정보를 어떻게 듣고 이해하고 메모하는가는 발신자가 아니라 수신자의 몫이다. 그런데 수신자의 수준은 천차만별이다. 안테나가 녹슨 사람, 원래 안테나가 없는 사람, 지금 있는 안테나로는 도저히 수신할 수 없는 사람……. 물론 두말할 필요도 없이 '일 잘하는 사람'의 안테나는 성능이 좋다.

이전에 마쓰시타 전기산업의 임원에게 이런 이야기를 들은 적이 있다.

"뛰어난 어부는 누구에게도 들리지 않는 해명^{폭풍우의 전조로 바다에서 들려오는 우레와 같은 소리}을 들을 줄 알죠. 솜씨 없는 어부는 일기예보를 듣고 바다에 나가도 해명을 듣지 못하기 때문에 큰 사고를 당합니다. 그리고 이건 일에서도 마찬가지입니다."

어느 날 마쓰시타 고노스케^{松下幸之助}가 현장을 방문해 직원에게 다음과 같이 물었다고 한다.

"FM라디오라는 것이 있는 것 같은데. 그게 뭔가?"

직원이 대답했다.

"소리는 좋은데 비용이 많이 들어 시판하기에는 아직 이릅니다."

대답을 듣고 잠시 뒤에 마쓰시다는 다시 한 번 물었다.

"FM라디오라는 것이 있나?"

그리고 얼마 있다가 이번에는 조금 화를 내며 물었다.

"자네, FM이 도대체 뭔지는 알고 있나?"

결국 마쓰시타는 서둘러 FM 개발에 착수했는데, 이제는 자동차 라디오도 FM이 없으면 말이 안 되는 시대가 되었다.

일을 잘 한다는 소리를 듣는 사람조차 해명을 듣지 못할 때가 있다. 고노스케에게 어떻게 해명을 들을 수 있었는지 물어 보니 "현장에서는 놀랄 만큼 다양한 소리가 난다."라고 했다.

정보는 "이것이 히트한다."라고 말하지 않는다. 승부는 시대의 바람이 속삭이는 '소리 없는 소리'를 들을 수 있느냐 없느냐로 결정 난다. 시대의 바람을 들으려면 떠돌아다니는 정보 중에서 '이거다!' 하고 집게로 집어 올릴 수밖에 없다. 문제는 누가 재빨리 눈치를 채고 상품 개발이나 사업 기획을 하느냐다. '일 잘하는 사람'은 정보를 많이 가진 사람이 아니다. 그보다는 명확한 주제를 생각하고 있는 사람이 '일 잘하는 사람'이다.

02.
모든 정보를 기억하는 '컬트 메모 방법'

　주제를 가지고 있느냐 아니냐의 차이는 지금 당장이라도 알 수 있다. 이를테면 오늘 신문을 떠올려 보자. 1면 톱기사가 무엇이었는지 기억하는가? 주가폭락? 기업의 악재? 정치문제? 아니면 어떤 사건? 신문을 좋아한다고 자부하는 사람이라도 잠시 생각해 봐야 비로소 알 수 있을 것이다. 그러면 그 톱기사 옆에는 어떤 기사가 났을까? 또 2면의 톱기사는 무엇이었을까? 어떤 내용이었는지 기억하겠는가? 오늘 신문이다. 벌써 잊어버린 것인가?

　기억력이란 그런 것이다. 자기와 직접 관계가 없는 것은 전혀 머릿속에 남지 않는다. 그것이 신문을 읽는다든지 본다는 행위다. 더군다나 여러 가지 일로 바쁜 뇌는 모든 것을 일일이 기억하지 못한다. 하지만 한 가지, 이렇게 바쁜 뇌라도 즐겁게 메모할 때가 있다. 바로 명확한 주제를 가지고 있을 때다. 다시 말해 여러분이 관심을 갖고 있는 분야가 있다면 굳이 노력하지 않아도 뇌는 끊임없이 그것에 대한 정보를 받아들이게 된다.

친구 중에 스포츠카를 좋아하는 이가 있는데, 그 친구는 신문을 보는 동안 자동차에 관한 내용이라면 아무리 작은 기사라도 반드시 찾아낸다. 게다가 그 내용을 조금도 틀리지 않게 기억한다. 가격, 성능, 디자인은 물론이고 차폭, 연비에서 기어비_{기어가 1회전하는 사이에 엔진이 회전하는 횟수}, 개발역사까지 '어떻게 그런 자세한 숫자까지 기억할 수 있을까?'라고 감탄할 정도다.

하지만 본인에게는 대수롭지 않은 일이다. 누워서 떡먹기다. 왜 그럴까? 그것은 너무나 좋아하는 정보이기 때문이다. 좋아하는 것이야말로 잘하는 것이라는 말은 메모에도 해당한다. 신문의 1면 톱기사를 다 잊어버리는 이유는 틀림없이 좋아하지도 않고 관심도 없는 정보이기 때문이다. 이런 정보는 뇌를 자극하지 못하기 때문에 메모하는 능력도 움직이지 않는다.

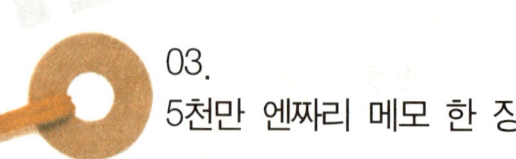

03.
5천만 엔짜리 메모 한 장

베들레헴 스틸Bethlehem Steel: 미국 철강기업의 사장인 찰스 슈와브가 어느 경영 컨설턴트에게 물었다. 그 질문은 찰스 슈와브의 회사를 세계 제1위의 기업으로 끌어 올린 동시에 슈와브를 세계 제일의 부자로 만들었는데, 당시에는 두 사람 모두 설마 그렇게까지 되리라고는 꿈에도 생각하지 못했다.

다음은 컨설턴트와 슈와브의 대화다.

"우리 회사의 컨설팅을 받으면 반드시 성과가 나타난다고 보증합니다."

"지금 해야 할 일은 새로운 지식을 받아들이는 것이 아니라 실천하는 것뿐이죠. 알고 있으면서도 실천하지 못하고 있지만 실천하면 효과가 있는 일. 만일 그런 일이 있다면 가르쳐 주지 않겠소?"

"알았습니다. 당신 회사의 능률을 50퍼센트 이상 개선할 방법이 있긴 한데……."

"정말입니까?"

"여기에 종이 한 장이 있습니다. 날마다 꼭 해야 할 일을 여기에 여섯 개씩 메모하십시오."

"알았습니다."

"좋습니다. 다음은 각각 일의 중요도에 따라 번호를 매깁니다."

"알았습니다."

"그런 다음 종이를 주머니 안에 넣으십시오. 내일 제일 처음으로 해야 할 일은 ①번입니다. 먼저 그 일을 다 하면 다음에 ②, 그러고 나서 ③, ④순서대로 하기 바랍니다. 하루가 끝날 때까지 모두 완수하도록 노력해야 합니다. 그러나 결과적으로 한두 가지밖에 못했다고 해도 애석하게 생각할 필요는 없습니다. 어쨌든 그날 가장 중요한 일은 했기 때문이지요."

"알았습니다."

"중요한 것은 날마다 꾸준히 하는 것입니다. 어떤 일이 중요한지를 기준으로 우선순위를 매깁니다. 수첩에 메모한 다음에는 무슨 수를 써서라도 해치웁니다. 이 방법을 사원들에게도 시키십시오. 만일 이 방법이 효과가 있다고 인정하면 그때 가서 타당한 비용을 지불하십시오."

"좋습니다. 그렇게 하지요."

몇 주 뒤, 슈와브는 컨설턴트에게 감사의 편지를 보냈다. 게다가 무려 2만5천 달러나 되는 수표를 동봉했다. 당시 2만5천 달러라고 하면 포드 자동차를 열 대나 살 수 있는 돈으로 지금의 가치로 환산하면 약 5천만 엔이다.

모든 사원들에게 이 방법을 알려준 결과 이 회사는 세계 최대의 철강회사가 되었다. 물론 사장도 억만장자가 된 것은 말할 필요도 없다. 이것이 그 유명한 '아이비 리(컨설턴트의 이름)의 2만5천 달러의 아이디어'다.

이 이야기의 핵심은 '우선순위를 메기는 중요성'이다. 즉 무엇이 중요한지 메모만 제대로 해도 성공을 거머쥘 수 있다는 것이다.

04.
우선순위를 아는 사람, 모르는 사람

시간 관리에 관심이 있는 사람이라면 'TO DO LIST'라는 말을 들어 본 적이 있을 것이다. '해야 할 일의 목록'으로 번역하면 어떨까? 한마디로 말하면 해야 할 일을 하나하나 주제로 인식해서 목록으로 만들고 우선순위를 정해서 해결한다는 뜻이다.

일을 잘하는 사람이든 못하는 사람이든 하루는 똑같이 24시간이다. 이 정해진 시간 자원을 'TO DO LIST'에 따라 '오늘 해야 할 일'이나 '이번 주에 해야 할 일', '이 달에 해야 할 일'로 분류한다. 'TO DO LIST'는 반드시 메모해서 눈에 잘 띄는 곳에 붙여 놓는다.

비즈니스맨은 바쁘다. 우선순위를 지키려고 해도 자기

TO DO LIST

1. 요쓰이 물산 ← 무역 관련

2. 화인 ← 외무성에 발주

3. 경시청 ← 이행 중지시킴

4. 원자력발전소 ← 매일 시간을 연장해 계측 지시

5. JANA ← 매실리지 포인트 확인

6. 생각해 내기 ← 어제 저녁 BAR 이름

도 모르게 일상 업무나 그다지 중요하지 않은 긴급 사태에 구속될 때가 많다. 그리고 막상 제대로 된 일을 하려고 하면 시간이 없다. 여러분도 결과적으로 'TO DO LIST'의 3분의 1도 해결하지 못한 경험을 한 적이 있을 것이다. 그래서 메모하는 방법이 중요하다.

결혼 피로연을 떠올려 보자. 프랑스 음식이든 일본 음식이든 탁자 위에 '오늘의 요리'라는 목록이 걸려 있다. 또한 이 목록은 요리사의 '해야 할 일의 목록' 메모이며, 이 순서대로 음식을 먹으면 맛있다고 제안하는 표다. 손님은 이 목록의 순서대로 요리가 나오기 때문에 '전채요리는 ○○이고 메인 요리는 ○○구나. 좋아, 전채는 조금만 먹자.'라는 생각으로 마음대로 양을 조절할 수 있다. 뿐만 아니다.

'이 정도의 요리라면 두 시간은 족히 걸리겠다.'든지 '지금 메인 요리가 나왔으니 이제 40분 정도 지나면 식사가 끝나겠군.' 하며 시간을 조절할 수도 있다.

만일 이것이 없다면 어떻게 될까? "어머, 또 나와? 더는 못 먹겠는데. 이럴 줄 알았으면 수프를 먹지 말걸 그랬어."라며 음식을 아까워할지도 모른다.

행사를 치를 때, 식의 순서도 마찬가지다. 이것도 게시판의 일종으로 오늘은 이런 순서로 진행한다는 것을 누구나 볼 수 있는 곳에 게시한다. 미리 순서를 알리기 때문에 진척 상황도 손바닥 보듯 훤히 알 수 있을 것이다.

일도 마찬가지다. 팀을 짜서 일을 할 때는 메모를 잘 활용해서 정보를 공유해야 한다. 도코우 도시오土光敏夫가 망하기 직전의 도시바에 뛰어들어 고군분투하며 다시 회사를 일으킬 때의 이야기다. 도코우는 회사에서 보낸 전세 자동차를 물리고 스스로 버스와 전차를 타고 통근했다. 덕분에 가끔 차를 같이 탄 관리직들이 피해를 입었다. 전차에서 신문을 읽고 있던 임원들은 "자네, 그런 건 집에서 읽어야지. 차안에서는 오늘 부하 직원에게 어떤 지시를 내려야 할까, 어떤 일부터 처리해야 할까, 그렇게 일의 순서를 생각해야 하는 거야."라고 꾸지람을 들었다고 한다. 일 귀

신이라는 말을 들었던 도코우조차 우선순위를 정해 놓고 순서에 따라 일을 추진했던 것이다. 우선순위란 그때그때, 어떤 일을 먼저 해야 할지 가치 판단(평가)을 내리는 것이다.

도코우는 원래 설계사였기 때문에 어떤 순서로 일을 진행해야 효율적이라는 시스템 사고가 확실히 자리 잡혀 있었다. 그렇기 때문에 어떤 일이든 순서를 중시해서 진행하는 버릇이 있었다.

반대로 일을 못하는 사람은 우선순위를 전혀 모른다. 어떤 일을 먼저 처리해야 나중에 편할지 상상하지 못하며, 아무 계획도 없이 되는 대로 일을 처리한다. 이런 사람이 상사가 된다면 부하 직원이 항상 고생하기 마련이니 이런 유형은 절대로 승진하면 안 된다. 출세하면 할수록 해야 할 일은 부하에게 맡기고 상사는 가치 판단을 잘 내려야 하는데 그것을 못한다고 하면 말이 안 된다.

문제가 발생하거나 사고가 일어나면 즉시 방향을 바꾸어 긴급사태에 대처하는 것이 당연하다. 그런데 우선순위를 모르는 사람은 평소처럼 일상 업무만 밀고 나가다가 결국에 문제가 커져서 마침내 회사까지 뒤흔드는 사건으로 발전, 사장의 목이 날아가야 비로소 정신을 차린다.

05.
속독으로 파악한 '버리는 기술, 줍는 기술'

    내가 우선순위의 중요성을 깨달은 것은 업무와 공부 그리고 취미를 겸한 독서를 통해서였다. 비즈니스맨 시절, 나는 많은 업무를 경험했지만 영업부서에서 가장 오래 일했고 영업 관리자로 매우 바쁜 날들을 보냈다. 전국 상장기업을 담당하는 영업사원, 더구나 의식적으로 경영자나 임원과 약속을 잡으려고 했기 때문에 눈코 뜰 새 없이 바빴다.

    그 정도의 지위에 있는 사람을 만나려면 20대인 나 자신도 많이 알아야 했기에 당시 경영이나 관리에 관한 책을 적어도 하루에 두 권씩 읽는 것이 일과였다. 상황이 이렇게 되자 아무래도 책을 빨리 읽어야 했다. 1페이지 읽는데

10초만 걸려도 몇십 분은 걸린다. 다시 말해 한 권에 한 시간 반, 두 권이면 세 시간이 걸린 것이다.

하지만 책읽기는 전혀 힘들지 않았다. 원래 책을 좋아하기도 했지만 그 이상으로 지적 욕구와 공부하려는 의욕이 강했기 때문이다. 그리고 가장 중요한 이유는 젊다는 것이었다.

30세 때는 속독교실에도 몇 개월 다녔다. 첫날 선생님은 나에게 "첫날인데 읽는 속도가 단연 돋보입니다."라고 말했다. 하지만 책 읽는 속도는 과정이 끝날 때까지 조금도 변하지 않았다. 다시 말해 전혀 나아지지 않았다. 반면, 주위 사람들은 눈 깜짝할 사이에 나를 앞질렀다. 그러다가 30대 중반부터는 급속히 속도가 빨라짐을 느꼈다. 아니, 문자를 읽는다기보다는 중요한 부분을 재빨리 알아차리는 능력을 터득한 것이다.

구체적인 주제가 있으면 그것과 관련된 정보는 저절로 눈에 띈다. 이 주제란 바꾸어 말하면 문제의식이다. 문제의식이 없는 사람은 눈에 들어와도 보지 못하고 소리가 나도 듣지 못한다. 그렇기 때문에 속독교실에서 했듯이 책의 내용을 전부 기억하려고 하지는 않는다. 책과의 만남도 인연이고 메모하는 내용과의 만남도 인연이라고 생각하기 때문에 안테나에 잡힌 것만 고를 줄 알면 된다. 안테나에 잡힌 것이란 호기심을 불러일으키는 내용이다. 이것을 만날 수 있으면 그것으로 좋지 않을까?

이 호기심이란 다음의 세 종류밖에 없다.

① 완전히 다른 발상
② 차원이 다른 발상
③ 힘이 솟아오르는 행동(발상이나 사고방식이 아니다.)

이 외에는 모두 버린다. 내 생각과 같거나 비슷한 것을 입력할 필요는 없다. 다른 가치를 받아들이는 편이 재미있다. 독서뿐만 아니라 일도 이런 식으로 하면 어떨까? 즉 다른 발상만을 적극적으로 받아들이는 것이다.

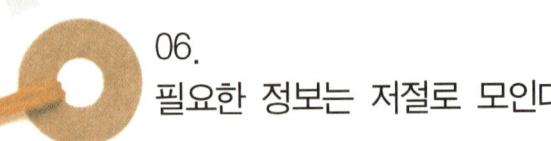

06.
필요한 정보는 저절로 모인다

'이것은 중요하다.', '재미있다! 메모해 둬야지.'라는 식으로 여러분의 안테나에 잡힌 정보를 '후크^hook: 물고기를 잡을 때 쓰는 낚시 바늘'라고 한다.

나는 책을 읽거나 텔레비전, 영화, 연극을 볼 때도 '앗, 이거 괜찮군.', '저런 건 생각해 본 적도 없는데.' 하고 느끼면 바로 머릿속에 담는다. 이것은 거의 조건반사에 가깝다. 조건반사란 몇 번을 되풀이하는 동안 어느새 몸에 리듬으로 새겨진다는 뜻이다. 흔히 "배우기보다 습관을 들여라."라고 말하는데 의식하지 않아도 저절로 할 수 있어야 편하다.

그러나 아직 잘 안 되는 사람은 어떻게 해야 할까? 우선은 자신이 그렇게 하고 싶다고 의식해야 한다. 의식하기만 해도 원하는 정보는 상당수 모이게 된다. 말도 안 된다며 비웃는 사람이 있다면, 여기서 그것을 증명해 보이겠다. 예를 들면 지금 여러분의 위장이 좋지 않다고 하자. 그러면 여러분의 모든 의식은 위장을 향해 쏠린다. 만일 그러다가 '암인가' 하는 생각이 드는 날에는 세상의 모든 정보가 암과 관련해서 들린다. 참 이상한 일이다. 건강한 사람은 위장에 대해서는 조금도 생각하지 않는다. 그렇기 때문에 당연히 의식하지도 않는다. 이런 사람 앞에서 아무리 '조기 발견이 중요하다'는 말을 해도 귀담아 듣지 않는 게 당연하다.

한 가지 예를 더 들면, 여러분 가족 중에 결혼을 앞둔 사람이 있다고 하자. 그러면 지금까지 몇 년 동안 지나다니던 길가에 예식장이라는 간판이 있었던 것을 그때서야 비로소 알아차리게 된다.

이런 일이 생기는 이유는 주제가 있기 때문이다.

'주제를 가지면 의식이 생긴다.'

다시 말해 의식하는가? 주제를 가지고 있는가? 이 사실만으로도 필요한 정보는 얼마든지 모인다. 이것을 알았으면 어떤 주제를 의식해야 하는가만 생각하면 된다. 의식만하면 정보는 저절로 모이므로, 자기가 무엇에 흥미를 느끼는지 깨닫는 사람은 승리한다. 예를 들면 다음 3가지는 어떨까?

① 곧바로 쓸 수 있는 비즈니스 힌트
② 즉효성이 있다.
③ 자기를 실현할 수 있거나 성장할 수 있는 힌트

주의해야 할 점은 이것들은 모두 힌트일 뿐 그대로 여러분에게 적용할 수 있다는 말은 아니다. 자기 머리로 번역해서 흡수해야만 자신의 것이 된다.

07.
메모할 상황을 놓치지 마라

 내 경우를 예로 삼아 어떤 경우에 어떤 방법으로 정보를 메모하면 좋을지 이야기하고자 한다. 특히 매체에 따라 메모하는 방법이 달라지는데 그 종류는 다음과 같이 나누어 볼 수 있다.

· 활자매체 - 서적
· 활자매체 - 신문, 잡지, 인터넷
· 전파매체 - 텔레비전, 라디오, 비디오
· 이벤트 - 전시회, 연극, 영화, 뮤지컬
· 사람에게 들은 정보
· 인터뷰

그러면 활자매체는 어떻게 메모할까? 비교적 수요가 많은 것부터 설명하도록 하겠다.

❶ 책을 메모한다.

첫째, 책을 읽는 것은 책 자체를 즐기는 경우와 공부나 자료를 찾기 위해 책을 읽는 경우가 있다. 전자는 과정을 즐기는 것이고 후자는 요점만 취하면서 읽는 것이다. 그러므로 속독을 배워 둔다.

둘째, 공부나 자료를 찾기 위해 책을 읽을 때는 꼼꼼히 읽지 말고 재빨리 읽는 것이 요령이다. 단, 부전^{附箋: 서류에} ^{문제점이나 의견 따위를 적어 덧붙이는 쪽지}을 붙이는 것을 잊지 않는다. 한 번에 결정한다는 각오로 읽으면 집중할 수 있다. 그것으로 요점을 끌어낸다.

셋째, 자금을 투입한다. 책을 읽는 것도 때가 있으므로 나중에 사려고 하다가는 두 번 다시 만날 수 없다. 과감하게 산다.

넷째, 내용이나 형식이 비슷한 다른 책도 함께 읽도록 한다.

다섯째, 구입한 책을 마지막까지 읽을 필요는 없다. 시간을 아낀다.

희대의 독서광이라고 할 수 있는 다치바나 다카시立花隆
의 의견은 아래와 같다.

· 돈을 아끼지 말고 책을 사라.
· 반드시 비슷한 책을 몇 권 구하라.
· 잘못된 선택을 두려워하지 마라.
· 속독술을 익혀라.
· 책을 읽으면서 적지 마라.
· 평판이 좋은 책에 속지 마라. 엉터리 책은 얼마든지 있다.

다치바나의 의견에서 주목해야 할 점은 다섯 번째의 '적
지 마라'인데 이것을 사실로 믿어서는 안 된다. 다치바나
의 엄청난 노트를 보면 이것이 새빨간 거짓말이라는 사실
을 알 수 있다. 정확히 말하면, 적을 시간이 있으면 두세
번 읽으라는 의미로 해석해야 한다.

또 한 사람, 소장한 책이 무려 13만 권이며 독서통으로
유명할 뿐만 아니라 나오키상을 수상한 희곡 작가 이노우
에 히사시井上ひさし의 메모하는 방법도 요점만 정리해서 소

개하겠다.

- 빨간 연필로 밑줄을 긋는다.

  : 이거다 싶거나 재미있다고 느낀 곳은 체크하도록 한다. 이런
  식으로 책 한 권을 읽고 나면 요점만 간추릴 수 있다. 다시
  읽을 때는 밑줄 그은 곳만 읽어서 요점만 재빨리 파악한다.

- 색인은 스스로 만든다.

  : 색인은 책의 생명이다. 아무리 좋은 책이라도 색인이 없거나
  있어도 변변치 않으면 맥이 풀린다고 하는데, 책의 속표지나
  면지面紙: 책의 앞뒤 표지와 속표지 사이의 종이. 한쪽은 표지 안쪽에 붙어 있음에 중
  요하다고 생각하는 사항이나 구절을 페이지와 함께 적어 둔
  다.

- 책은 손이 기억한다.

  : 큰 수첩을 준비해서 중요하다고 생각하는 내용을 적어 둔다.
  문장을 그대로 옮길 뿐이지만 가장 좋은 기억법이다.(이노우에
  는 워드프로세서나 컴퓨터로 옮기면 기억에 남지 않는다고 한다.)

- 책은 자세히 읽으면 빨리 읽을 수 있다.

  : 어떤 책이든 처음에는 꼼꼼히 읽는다. 처음 10페이지 정도
  는 특히 신경 써서 등장인물의 이름, 관계 따위를 확실히 파
  악하면서 읽는다. 그러면 자연히 읽는 속도가 빨라진다. 첫
  부분을 적당히 읽으면 책이 끝날 때까지 제대로 이해하지 못
  해 빨리 읽을 수 없다.

- 목차를 주시해야 한다.

  : 솜씨 좋은 도둑이 집을 털기 전에 집 구조를 자세히 관찰하

듯 전문서적을 읽을 때는 그 구조를 미리 간파해 둔다. 그렇게 하면 전체의 구성과 논의를 풀어 가는 방법을 짐작할 수 있다. 급할 때 이 장을 먼저 읽어 두면 전체적인 흐름을 알 수 있다.

· 분량이 많은 사전은 나눈다.

: 두꺼운 사전은 칼로 잘라서 3등분이나 4등분한다. 가지고 다니기 쉽게 나눠 두면 필요한 항목만 주머니에 넣어 다니면서 아무 데서나 읽을 수 있다.

❷ 신문, 잡지, 인터넷을 메모한다.

신문에서 정보를 입수하는 방법은 두 종류다. 매일 아침 저녁으로 배달되는 신문과 인터넷을 활용해서 읽는 신문이다. 어느 쪽이든 표제가 있기 때문에 내용을 알기 쉽다.

나는 세 종류의 신문을 보는데 빨리 읽어 머릿속에 입력한다. 활자의 크기에 따라 중요도를 알 수 있긴 하지만 표제가 크다고 해서 나에게 큰 영향을 주는 것은 아니다.

나는 되도록 빨리 보고 호기심이 생기면 칼로 오려 낸다. 그리고 뒷장을 읽는데 그쪽 역시 중요하다고 생각하면 테이프로 붙여서 복사한다. 그 다음에는 중요한 부분만 붉은 글씨로 표시한다. 이렇게 하면 훗날 확인하기 쉽다. 그리고 주제에 따라 네모 칸을 치면 신문 읽기는 이것으로 끝난다.

인터넷 신문의 경우는 필요한 부분만 다운받는다. 이것은 정리할 필요가 없다. 자세한 것은 나중에 이야기하겠지만 컴퓨터의 경우, 검색 기능이 뛰어나기 때문에 나중에 얼마든지 점검할 수 있다. 다시 말해 정리해야 하는 번거로움이 없다.

잡지도 신문과 마찬가지로 오려 놓는다. 나는 잡지를 가방에 넣고 다니면서 주로 외출한 곳에서 읽는다. 그 대신 단행본은 무겁기 때문에 가지고 다니지 않는다. 잡지를 읽다가 필요한 부분은 오려 내고, 오려 낼 가치가 없으면 버리기 때문에 돌아올 무렵에는 몇 장의 종이만 손에 남는다. 오릴 때도 주제에 따라 오려야 한다.

❸ 텔레비전, 라디오, 비디오를 메모한다.

나는 텔레비전을 켜 둔 채 일한다. 하지만 보지는 않고 들을 뿐이다. 라디오는 진행 속도가 듣기에 알맞기 때문에 듣다 보면 빠져들어 일을 병행할 수 없다. 하지만 텔레비전 프로그램은 보지 않으면 웬만해서는 빠져들지 않는다. 단, 누가 출연하는가에 따라서 들을지 시청할지를 결정한다. 그 때문에 신문에서 방송 출연자의 이름을 확인한다.

내가 관심 있어 하는 분야의 사람이 출연하면 본격적으로 시청해야 하기 때문이다.

그러나 보면서 일해도 많은 힌트를 얻을 수 있다. 예를 들면 정국이 혼란스러울 때 각 당을 대표하는 정치가들이 프로그램에 자주 나오는데 한결같이 그 사람들의 이야기는 설득력이 없다. 어이없을 정도로 서투르다. 추상적인 발언 몇 마디 한다고 과연 몇 명의 시청자가 이해할 수 있을까?

그때 '설득력이 중요하구나.' 하는 생각을 한다. 이것이 발상이다. 그래서 가까이 있는 PDApersonal digital assistants: 휴대용 개인 정보단말기를 집어 들고 '업무란'에 '설득력'이라는 단어를 입력한다.

지금까지의 경험으로 미루어 볼 때, 텔레비전을 보고 감동하거나 감탄한 내용보다는 '그거 웃기는군.', '안 되겠군.' 하고 의문이나 불평을 메모한 것이 업무로 이어졌다. 바꿔 말하면 '설명이 서툴다.', '질문이 서툴다.'는 것은 정치가만의 문제가 아니라 모든 사람들이 곤란하게 느끼는 문제라는 것이다. 그래서 그런 책에 대한 수요가 있는 것이고, 역시 대부분 베스트셀러가 된다.

앞서 인간의 뇌에는 자동장치라는 기능이 있다고 했다.

이것은 호기심이나 관심이 생기면 자동적으로 정보를 모으려는 장치다. 그 증거로 라디오나 텔레비전을 켜 놓고 일을 하면서도 갑자기 머릿속에 어떤 영감이 떠오를 때가 있다. 안 듣는 줄 알았는데 의외로 유심히 듣고 있었다는 사실에 깜짝 놀란다. 물론 경제 프로그램이나 기업 정보 프로그램의 경우는 본업과 관련이 있기 때문에 노트를 꺼내서 메모한다. 이런 프로그램은 정보의 보고이기 때문이다.

❹ 이벤트를 메모한다.

'백문百聞은 불여일견不如一見이고 백견百見은 불여일행不如一行이다.'(뒤에 나오는 말은 내 마음대로 지었다.)

이벤트는 직접 체험하는 귀중한 시간이다. 전시회나 연극, 영화, 뮤지컬 등 무엇이든 좋다. 이런 경험은 머리로만 메모하는 게 아니라 몸의 세포 하나하나로 메모한다. 그만큼 번뜩이는 영감, 상상력, 창조력, 연상 능력이 총동원된다. 터져 나오는 기획의 불꽃이다.

그렇기 때문에 이벤트에서는 메모하는 방법이 매우 중요하다. 또 그 습관을 오래 지속해야 한다. 예를 들면 뜨거운 여름날에도 야구장에는 수많은 스카우트들이 몰려드는

데, 직접 눈으로 보지 않으면 선수의 잠재능력을 판정할 수 없기 때문이다. 실제로 공을 던지는 모습을 봐야 "저렇게 엉성한 폼으로 저 정도의 공을 던질 수 있다니 놀랍군. 프로로 단련하면 좀더 빨라지겠는데.", "빠른 공을 던지는 감각은 타고난다. 이것만큼은 나중에 익힐 수 있는 게 아니다. 이 선수는 스카우트해야겠다."라고 평가를 내릴 수 있다.

실제로 눈으로 보면 정보만으로는 알 수 없는 사실을 손바닥 보듯 자세히 알 수 있다.

작년 일본 선수의 활약이 눈에 띄었던 미국의 메이저리그도 그렇다. 매우 화려한 세계라고 생각하지만 물밑에서는 엄청난 기업들의 노력이 있다. 대부분의 구단들이 요미우리 자이언츠와 경기를 했을 때 생기는 이익에 의지해 팀을 경영하는 일본 야구계와는 차원이 다르다.

팬을 확보하기 위해 지혜를 짜내고 온갖 이벤트를 실시하는 것도 메이저리그의 특징이다. 이를테면 샌프란시스코의 자이언츠는 1년에 30회 이상 이벤트를 실시하고 있다. 내용은 불꽃 대회와 그라운드에서 자유롭게 사진 찍는 날, 애견을 데리고 야구장을 산책할 수 있는 날, 유암癒癌 박멸의 날, 에이즈 박멸의 날 같은 이벤트다. 성적이 뛰어난 지역의 고등학생과 대학생을 무료로 초대하는 일은 흔한 일이고, 입장권 가격 파괴의 날, 인기 선수 사인회는 한 달에 일곱 번이나 있다. 고객에게 주는 선물도 독특해서 선수의 이름이 새겨진 명함 지갑이나 수표책을 선착순 3만 명에게 나누어 준다. 지역이나 리그에서 우승하면 기념 모자나 핀 브로치를, 중학생 이하에게는 팀의 야구 카드, 모자, 공, 방망이, 헬멧 등 선수들이 사인한 용품을 선물한다. 물론 파울볼 선물은 당연한 일이다.

나는 해마다 일본의 모든 주경기장을 아이와 함께 찾는데 받아온 것은 부채뿐이다. 더구나 보통 게임에서는 아무것도 받은 기억이 없다.

애리조나 다이아몬드백스 팀에서는 일요일마다 "만루 홈런을 어떤 선수가 몇 번 쳤는가?"라는 퀴즈를 내는데, 그 당첨금액은 입이 벌어질 뿐이다. 놀랍게도 100만 달러를 혼자 차지한 팬도 있다. 이 정도의 팬 서비스는 모두 관객을 동원하기 위해서다. 돈이 남아서 사회에 환원할 리는 없다.

그러나 지금 미국에서는 야구의 인기가 떨어지고 있다. 가장 인기 있는 스포츠는 아메리칸 풋볼, 그 다음은 농구, 아이스하키, 프로레슬링 순이다. 이 인기 하락을 막기 위해서 야구계는 정말 필사적으로 노력하고 있다.

❺ 사람들에게 들은 정보를 메모한다.

정보에는 여러 가지 종류가 있는데 지금까지 이야기한 활자, 전파, 이벤트뿐만 아니라 이보다 질적으로나 양적으로 훨씬 많고 또 가치 있는 정보원으로 사람을 들 수 있다. 전파나 활자가 모두 2차 정보인 데에 반해 사람들에게 들은 정보는 1차 정보다. '우리끼리 하는 이야기'는 모두 사람들에게 듣는 정보다.

텔레비전이나 신문에서 '우리끼리 하는 이야기'는 성립하지 않는다. 활자로도 안 되고 전파에 실을 수도 없이 오로지 입 소문으로 퍼지는 것이 사람들에게 듣는 정보다. 여러분이 공부 모임이나 교류회에 나가 다른 사람의 이야기를 듣는 것과 직장에서 동료에게 따끈따끈한 회사 정보를 듣는 것이 사람들에게 듣는 정보다.

나도 경제와 관련된 공부 모임에 참가하고 있는데, 거기에서는 일본과 세계의 경제에 관한 정보를 이야기한다. 엔고나 엔저, 주가 폭락에 대한 우려, 그밖에 그때그때 가장 핵심이 되는 정보 분석을 경제학자에게서 얻는다. 거기에서 이야기한 내용은 모두 보도하지 않기로 약속한다. 신문이나 텔레비전과 달리 어느 정도 위험한 정보도 섞여 있는데 그렇기 때문에 가치가 있다.

사람들에게 듣는 정보가 가치 있는 이유는 자신의 지식을 더 깊게 해주기 때문이다. 그것을 통감한 것은 비즈니스맨 시절, 인기 경제학자에게 강연을 의뢰했을 때다.

"강연료는 80만 엔을 드리면 될까요?"

"안 받겠습니다. 받아 봐야 세금만 늘어나니까요."

"……"

"토론회나 대담이라면 공짜라도 좋습니다."

"네?"

결국은 다른 강사를 한 사람 더 불러서 대담 형식으로 했다. 물론 강사료는 조금만 주었다. 그러면 왜 그 경제학자는 강연료를 조금 덜 받더라도 토론회나 대담을 선택한 것일까? 정답은 공부가 되기 때문이다. 강연은 아무리 해도 내가 이야기를 하는 것이기 때문에 정보를 얻지 못한다. 그러나 토론회는 정보를 교환할 수 있다. 의견을 주고받다 보면 생각지 못한 부산물이 많이 생긴다. 아이디어, 영감, 번뜩임, 기획 무엇이든 얻을 수 있는 것이다.

나는 이것을 '서드 밸류제3의 가치의 창조'라고 부른다. 사회적 위치는 아무리 높아져도 공부를 좋아하는 천성은 뼛

속 깊이 배어 있기 때문이다. 그래서 지식의 폭이 넓어질수록 강연보다는 토론을 좋아하게 된다.

❻ 인터뷰에서 메모한다.

다른 사람의 정보를 효과적으로 끌어내려면 인터뷰 요령을 파악하고 있어야 한다. 인터뷰는 언론 관계자의 전유물이 아니다. '다른 사람에게 어떤 이야기를 듣는다, 끌어낸다'는 것은 누구에게나 이용가치가 있는 행위다.

인터뷰는 어떻게 진행되느냐에 따라 기분 좋게 이끌어 갈 수도 있고, 단숨에 마음을 닫아 버리게 할 수도 있다. 그야말로 천국과 지옥이다.

나는 지금까지 수없이 많은 경영자를 만났다. 그중에는 텔레비전이나 라디오, 잡지, 신문, 단행본, 이벤트에서 인터뷰했던 사람들도 많다. 내가 인터뷰할 때 유의하는 점은 질문의 내용과 수, 시간 같은 항목을 미리 적은 메모를 건네는 것이다. 한 시간이라면 5가지 질문, 두 시간이라면 7가지, 30분이라면 대개 3가지의 질문을 한다. 하지만 실제로는 이 숫자의 두 배 정도를 질문한다.

이에 '맨 처음부터 모든 질문을 적어서 건네면 어떨까?'라고 생각하는 사람은 초보자다. 손바닥을 모두 드러내서 어떻게 하겠단 말인가! 모범답안만으로는 재미가 없지 않을까? 그리고 도중에 시점을 바꾸어서 질문하는데 이것은 규칙 위반이 아니다. 그래도 상대는 화내지 않는다. 왜냐하면 미리 무엇을 질문할 것인지 알려 주었다는 점에서 신뢰를 얻었기 때문이다.

미리 질문을 열거해 두면 상대는 안심한다. 아무리 바쁜 사람이라도 '이 정도라면 받아들일 수 있다.'고 마음을 놓고, 인터뷰를 주선해 주는 광고부나 비서실 담당자도 대충 예상을 할 수 있기 때문에 특별히 신경 쓰지 않는다. 더구나 전화로 이야기를 주고받을 때 "물론 순서와 같지 않아도 괜찮습니다. 말씀하시기 쉬운 것부터 부탁합니다."라고 한마디 거들면 상대방은 더욱 더 안심한다. 그리고 안심한 사람은 무방비 상태로 마음을 열기 때문에 질문하는 쪽의 인상은 점점 좋아진다. 일이 더욱 쉬워진다는 뜻이다.

어제는 금융기관의 광고부 직원이 나에게 전화취재를 요청했는데 인터뷰에 서툰 사람이었다.

"그럼, 먼저 이것부터 부탁합니다."라고 메모를 보면서 질문하고 있다는 것을 눈치 챘는데, 왜 처음부터 "다섯 가지만 질문하겠습니다."라고 말하지 않았을까? 오히려 내가 "도대체 질문이 몇 개나 됩니까?"라고 묻자 비로소 "죄송합니다. 다섯 가지입니다만." 하고 대답했다. 도대체 누가 묻고 누가 대답하는 건지…….

미리 질문 사항을 전자 우편이나 팩스로 보내 주면 형편없는 회답 때문에 원고 작성에 애먹는 일도 없고, 상대방은 마음의 준비를 할 수 있다.

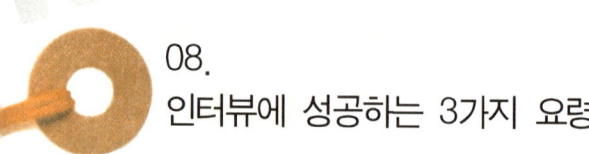

08.
인터뷰에 성공하는 3가지 요령

실제로 인터뷰를 할 때는 다음과 같은 항목에 유의해야 한다. 이것만 주의하면 반드시 성공한다.

❶ 경청하는 자세를 보인다.

상대의 이야기를 들을 때는 그냥 듣는 것이 아니라 귀 기울여 듣는 모습을 보여 주어야 한다. 영어로 하면 히어 링 hearing 이 아니라 리스닝 listening 이며, 이것은 적극적으로 경청한다는 뜻이다.

인터뷰를 하는 중에는 틀려도 그건 아니라는 말을 해서는 안 된다. 논의하러 간 게 아니다. 나의 의견을 물어도

"말씀하신 대로입니다. 하지만 이렇게도 할 수 있지 않을까요?"라고 부드럽게 말을 꺼내 이야기를 진행시킨다. 절대로 너무 많이 떠들지 않도록 한다. 대담을 하게 되면 인터뷰는 실패다. 어떻게 하면 상대방이 말을 많이 하게 만드는가? 이것이 중요하다.

❷ 맞장구를 친다.

"옳은 말씀입니다." 하고 감동해 주면 상대는 기분이 좋아져서 비밀 사항까지 말해 버린다. 어떤 상장회사의 경영인과 인터뷰한 적이 있는데, 그 사람은 너무 신이 난 나머지 주말에 이런 신상품을 내놨다며 말실수를 했다. 그 후 "이 말은 제발 못 들은 걸로 해주세요."라며 광고부에서 전화가 왔는데, 만일 내가 주식투자라도 했다면 많은 돈을 벌었을 것이다. 정말로 일주일 동안 그 회사의 주식이 배로 뛰었다.

반대로 맞장구를 치지 않으면 '내 얘기가 재미없나?' 하고 불안해한다. 아니면 '전혀 반응이 없는 녀석이군. 제대로 듣기는 하는 건가?' 하고 미심쩍어 한다. 불안과 의심은 인터뷰에서 가장 나쁜 요소다. 여기에서 얻은 교훈은 '맞장구는 이야기의 윤활유'라는 것이다. 맞장구는 상대의 말을 유도하기 위한 필수품이다. 기분 좋게 말하게 하는 최대의 무기라고 해도 좋다.

국립국어연구소의 조사에 따르면 대화 속에 포함되는 맞장구는 1분 동안에 평균 15～20회라고 한다. 다시 말해 3, 4초에 한 번 맞장구를 친다는 말이다. 상당히 자주 맞장구를 친다는 사실을 알 수 있는데, 이것은 표준적인 간격을 두고 쉬었다 일어났다 하는 와이퍼와 같은 간격이다.

한번은 맞장구의 달인과 이야기하면서 얼마나 자주 맞장구를 치는지 살짝 세어 본 적이 있는데, 그는 1분 동안에 거의 30번은 맞장구를 쳤다. 더구나 놀란 것은 수뿐만이 아니라 무려 서른 종류나 되는 맞장구 용어를 구사한다는 사실이었다.

'네, 으음, 응, 그렇죠, 그래, 그래요?, 네엣?, 정말?, 그렇군, 그래서?, 넷?, 그 다음은?, 빨리 가르쳐 줘요, 멋지군요, 그랬군요, 역시 대단하네, 역시 당신답군요, 그거 재미있네, 좋은 걸 배웠네요, 옳은 말씀, 다시 한 번 말씀해 주실래요?'

정말 놀랍지 않은가? 그는 과연 맞장구의 달인이었다.

❸ 메모한다.

메모하는 모습을 보여 주면 상대방은 '아, 여기에서 감동한 것일까? 그런가? 이 점에 관심이 있는 건가?' 하고 생각한다. 멋진 의사소통이다.

반대로 메모하지 않고 듣기만 하면 어떻게 될까?

'이 사람은 왜 여기에서 어째서 메모하지 않는 거지?', '잘 듣고 있는 걸까? 지금 중요한 이야기를 하는데…….' 하는 불신감을 가지면서 인터뷰에 답하게 된다. 이러면 실패다.

'녹음중이니까, 뭐 상관없지.'라고 방심해서는 안 된다. 나는 예전에 제대로 녹음했는데도 내용이 전혀 들어 있지 않았던 경험을 한 적이 한 번 있다. 녹음 중에는 필사적으로 메모할 필요는 없어도 메모함으로써 요점을 확실히 잡으면서 듣고 있다는 메시지를 전하는 것이 좋다. 메모하는 자세는 폼만 잡아도 된다. 맞장구와 같은 이치다.

어떻게 해야 상대의 기분이 좋아질까? 어떻게 하면 상대와의 인간적 거리감을 없앨 수 있을까? 그것을 생각해서 사람의 속마음을 좀더 꿰뚫고 싶다. 메모는 상대와의 거리감을 좁히는 최고의 도구다.

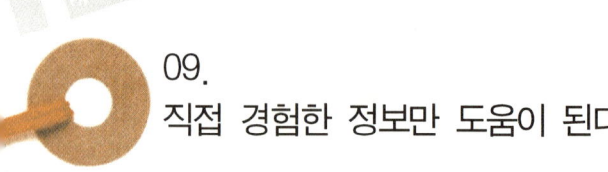

09.
직접 경험한 정보만 도움이 된다

　메모의 요령은 취사선택에 있는데, 메모 자체의 부가가
치를 높이는 요령은 많이 듣고, 많이 소비하고 많이 생산
하는 데 있다.

　알기 쉽게 설명하자.

　① 많이 본다.
　② 많이 듣는다.
　③ 많이 읽는다.
　④ 많이 이야기한다.
　⑤ 이야기를 많이 하게 한다.
　⑥ 많이 쓴다.

⑦ 많이 체험한다.

⑧ 많이 시켜 본다.

⑨ 많이 생각한다.

그 밖에도 다양한 물건을 많이 사서 많이 써 보는 것이 좋다. 그렇게 하면 부가가치가 높은 메모를 할 수 있고, 그런 메모야말로 많은 일을 만들어 낸다. 이상하게 많이 사고 많이 잊어버려도 일단 여러분의 몸을 거친 정보는 반드시 어딘가에서 나온다.

작가 중에는 원고를 글이 아닌 말로 정리하는 솜씨 좋은 사람이 있다. 또 요점만 집어서 말하고 나머지는 그 선에서 적당히 알아서 쓰라고 대필 작가에게 맡겨 책을 내는 사람도 있다.

만드는 법은 아무래도 좋다. 모든 것은 고객이 선택한다.

하지만 나는 다른 사람에게 원고를 맡기지 못한다. 아무래도 나는 머리가 아니라 손가락으로 생각하는 것 같다. 컴퓨터 앞에 앉아서 자판을 두드리지 않으면 어떤 영감도 떠오르지 않는다. 컴퓨터에 혼자 앉아 있을 때 사실은 또 다른 나와 대화한다. 그러므로 다른 사람에게 모두 맡길 수 없는 것이다.

4 메모는 최대한 간단히 해라

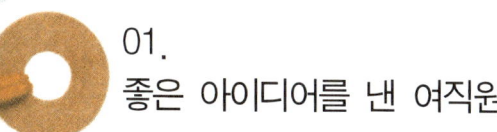

01.
좋은 아이디어를 낸 여직원

　메모하는 방법은 간단할수록 좋다. 그래서 여기에서는 누구나 간단히 응용할 수 있는 힌트를 구체적인 예를 들어 소개하고자 한다.

　어떤 판매 회사에서는 아침마다 총무부 여직원이 사원들 사이를 왔다 갔다 한다. 도대체 무슨 일을 하는 것일까? 바로 사원들의 점심 메뉴를 물으러 다니는 것이다.

　"나카지마 씨, 오늘 도시락 드실 건가요?"

　"네."

　"뭐로 하실 건가요?"

　"B세트요."

　"네."

이 회사에서는 날마다 택배로 도시락을 배달시켜 먹는다. 오전 11시까지 주문하면 정확히 12시에 도착하며, 지불은 월말에 한꺼번에 월급에서 공제하는 시스템이다. 여직원은 주문 담당으로 날마다 명부를 보고 "나카지마 씨, B세트라고 하셨죠? 다음은 누구죠?"라며 주문을 받는다.

얼굴을 보며 대화를 나눌 수 있어서 좋기도 하지만 이제 이런 업무에 귀중한 시간을 할애할 시대가 아니다. 게다가 아직은 직원이 40명 정도의 규모이니 어렵지 않지만 직원이 100명, 200명으로 늘어나면 확인하는 데 많은 시간과 수고가 든다. 더구나 영업 사원들은 자리에 없을 때가 많으므로 주문해야 할지 말아야 할지 통 알 수가 없으니 아무래도 두세 번은 확인을 해야 한다. 이렇게 되면 아까운 시간만 낭비하는 셈이다.

그래서 여직원은 머리를 썼다. 직원들에게 물어 보기도 하면서 자기 나름대로 생각한 아이디어는 다음과 같다.

사무실 입구에 주문표를 붙여 놓는다. 즉 주문을 받으러 돌아다니던 것에서 각자 먹고 싶은 것을 표시하는 자기 신고제로 바꾼 것이다. 아침마다 출근하면 게시판에 적힌 자기 이름 칸에 기입한다. 게시판에는 소속 부서마다 이미 이름이 적혀 있다. 그 옆에 'A세트, B세트, C세트', '핫 커피, 냉커피, 된장국'이라는 항목이 위아래 두 줄로 나뉘어 있으므로 여기에 동그라미로 표시하면 된다. 물론 필요 없는 경우에는 기입하지 않으면 그만이다. 그리고 여직원은 시간이 되면 내용을 확인해서 그대로 도시락 회사에 팩스로 보내면 업무는 끝난다. 그 결과, 시간이 매우 단축되었다.

이 메모에는 4가지 이점이 있다.

① 물어 보러 돌아다닐 필요가 없어 그 시간에 좀더 생산적인 일을 할 수 있다.
② 자기가 직접 표시하기 때문에 자리에 없는 사원에게 확인할 필요가 없다.
③ 일람표가 그대로 주문 메모가 되므로 다시 옮겨 쓸 필요가 없다.
④ 월말에 한꺼번에 처리하면 경리 업무도 간편하다.

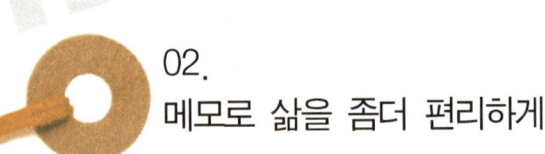

02.
메모로 삶을 좀더 편리하게

    메모에는 자기만 알면 되는 것과 제3자에게 전하는 것이 있다. 예를 들면 앞에서 말한 점심 메뉴를 주문하는 경우 ①담당자(여직원)가 모르면 이야기가 안 되고, ②주문자도 모르면 곤란하다. 물론 ③도시락 회사에게 전할 포맷도 필요하고 ④최종적으로는 경리처리도 해야 하므로 경리부 담당자도 알 수 있어야 한다. 다시 말해 적어도 네 명에게 전할 메모가 있어야 한다.

    하지만 이제는 한 장으로 한꺼번에 활용할 수 있는 메모를 만들었다. 아이디어를 낸 가장 큰 동기는 '일은 최대한 간략하게 하자.', '좀더 중요한 일을 하고 싶다.'는 것이 아니라 '좀더 편하게 하고 싶다!'는 생각이었다.

무엇이든 창의적인 궁리의 기본은 좀더 편하게 일하고 싶다는 데 있다. 편하다고 하면 바로 손이 덜 간다는 말이 떠오르는데 그렇지는 않다. 손이 덜 간다고 할 때의 손은 수고를 뜻한다. 쓸데없는 낭비를 철저히 배제하고, 공헌도가 낮은 일은 간소화하며 좀더 중요한 일로 관심을 돌리는 것이 진정한 조직과 업무의 구조 개혁이다.

착실하고 성실하며 지시한 일을 반드시 처리하는 사람은 메모하는 방법을 궁리하는 것이 조금 힘들지 모른다. 반대로 '자신의 성격이 흐리터분하다'고 생각하는 사람은 일하는 방법이나 진행하는 방법을 개선하기 위해 메모하는 방법을 개발할 수 있다.

그런 의미에서 볼 때 나는 선천적으로 세계 최고의 소질이 있다고 자부한다. 나는 자타가 공히 인정하는 흐리터분한 인간이다. 초등학교 때부터 번거로운 일은 싫어했다. 여름 방학 숙제도 개학한 후에 선생님이 제출하라고 해야 찾아서 하기 시작했다. 모든 일상이 이런 식이었다. 그렇기 때문에 아무래도 나와 같은 사람의 메모하는 방법은 ① 간단하고 ②편리하며 ③번거롭지 않아야 한다.

03.
복잡한 내용은 기호와 약어로

나만 알면 그만인 메모라면 간단할수록 좋다. 속기나 기호, 암호, 생략, 수식, 그림, 그래프 등 무엇이든 좋다. 나중에 보고 '아, 이건 이거. 저건 저거.'라고 한눈에 알아볼 수 있는 메모면 충분하다.

앞에서도 언급했듯이 나는 일의 성격상 경영자를 만날 기회가 많다. 그리고 그들을 인터뷰하거나 대담할 때는 '일생에 한 번뿐인 기회'라고 생각하고 가능한 메모를 한다. 그때 만일 '경제'라는 주제가 나왔다면 즉시 'EC'라고 메모한다. 경제의 앞 글자를 영문으로 읽으면 'EC$^{economy=경제}$'이기 때문이다. 그렇지 않고 '경제'라고 제대로 쓰면 시간이 모자란다. 뚜렷하게 그리고 자기만 알 수 있는 암호로 쓰면 충분하다.

숫자도 같은 요령으로 메모할 수 있다. '1004'는 '천사', '8282'는 '빨리빨리'라는 뜻이다. 너무 구식인가? 휴대전화로 간단히 내용을 전하는 학생들의 노하우를 그대로 이용한 것인데 어쨌든 뜻만 알 수 있으면 된다.

강연이나 연수, 세미나에서는 많은 화제가 나오는데 그것을 일일이 메모하다 보면 중요하다고 생각하는 것을 소홀히 할 수 있기 때문에 기호와 암호, 생략이라는 메모방법을 철저하게 활용해서 효율적으로 메모하기를 권한다.

아무리 복잡하고 뒤얽힌 내용이라도 나중에 읽어볼 때 단번에 이해할 수 있는 가장 효과적인 방법은 역시 '도해'다.

이를테면 다음의 문장을 읽어 보자. 다음은 재계 최후의 국사國士라고 할 수 있는 가메이 마사오龜井正夫: 이미 고인故人이됨의 강연 중에서 발췌한 내용이다.

일본은 여전히 쇄국 상태다. 사회경제의 제도관행이 국제사회의 규약과 너무 동떨어져 있는 것은 아닐까? 이것이 반半 쇄국이다. 정치는 아직까지도 줄곧 일본열도 안에서만

행해지고 국제성은 결여되어 있다. 외교는 항상 한 발 늦고 외압이 있어야 비로소 생각을 바꾼다. 이것이 경제대국이라 부르는 국가의 참모습인가?

항공행정 하나만 봐도 개발도상국보다 못하다. 미국의 외무관이며 한신 총영사인 마로트라는 친구가 인도 주임 시절 애견을 워싱턴으로 보냈을 때, 개를 찾으러 공항으로 간 부인은 15달러를 내고 두 시간 뒤에 데리고 왔다.

그런데 4년 뒤, 달라스 공항에서 이타미伊丹 공항으로 개를 보냈을 때는 찾는 데 무려 2주일이나 걸렸다. 개는 배고픔과 스트레스로 거의 죽을 지경이었다고 한다. 왜 2주나 걸렸을까? 지정 관세업자의 상업 송장에 필요한 서류만도 10여 장이나 된다. 일본의 규칙에 맞는 미국 정부가 발행한 건강증명서가 있는데도 검역을 받는다. 더구나 이 수수료가 무려 750달러에 달한다.

미국에서는 15달러에 두 시간이면 끝나는 일이 일본에서는 750달러에 2주일이나 걸린다. 이러면 외국인이 일본 행정에 불신을 품는 게 당연하다. 아직도 일본은 쇄국을 고수하고 있다.

나는 가메이의 강연내용을 다음과 같이 메모했다. 괄호 안은 원래의 단어다.

내 노트는 온통 이런 암호뿐이다. 어딘가에 떨어뜨린다고 해도 주운 사람은 "이게 도대체 무슨 소리야?" 하고 생각할 것이다.

하지만 이러한 메모라도 나는 잘 알아볼 수 있다. 'EC economy: 경제'나 'INT international: 국제'는 누구나 알 수 있는 영어의 약자이므로 쉽게 상상할 수 있다. 이런 단어는 오히려 영어 약자가 편리하기 때문에 알파벳으로 사용한다.

문제는 '=, →, ?'와 같은 기호다. 그러나 이런 기호도 익숙해지면 쓰는 데 어려움은 없다. 예를 들면 화살표는 인과관계, 상관관계를 나타낸다. 'A→B'라고 하면 'A라는 원인으로 B라는 결과가 되었다'는 것을 나타낸다. 아니면

'A가 B로 변했다'는 뜻이다. 마찬가지로 '→←'라고 하면 '대립관계'를 의미하며 '—'는 '관련이 어느 정도 있는 관계', '═'는 문자 그대로 '같다'는 의미이고 '×'는 '안 된다, 필요 없다, 실격'을 의미한다. '?'는 '의문, 부정'의 의미다. 'w'는 'week', 'h'는 'hour'의 약자이다.

메모가 모두 문장체가 아니고 조항별로 쓴 키워드뿐이지만 그래서 더욱 간단명료하고 이해하기 쉬워 빨리 응용할 수 있다.

그리고 기호 앞에 붙인 '※'와 '★'는 강연의 결론이랄까? 중요한 요점을 나타낸 기호다. 밑줄을 그어도 좋겠지만 이렇게 하면 더 재미있고 빠르다. '※, ★' 표시는 강연이나 세미나뿐만 아니라 인터뷰에서도 자주 사용한다. 이 표시를 쫓아가면 요점을 벗어나지 않고 자연스럽게 원고를 끝낼 수 있다. 이것은 보고서에서도 마찬가지다.

04.
'일의 철칙'을 수식으로 표현한 두 창업자

일을 잘하는 사람은 논리적이라기보다 오히려 직감에 의존하는 경우가 많다. 그러나 주위 사람들에게 자신의 직감을 그대로 전했는데 누구도 이해하지 못하는 때가 있다. 이럴 때는 실망하지 말고 모든 사람이 알기 쉽도록 표현방법을 바꾸어야 한다. 그것이 논리이고 수식이다.

그런 의미에서 논리나 논리적 사고는 일을 잘 못하는 사람이 이해하기 쉽도록 설명한 표현방법이라고 인식해 두는 것이 좋다.

마쓰시타 고노스케와 이나모리 가즈오稲盛和夫: 현재 KDDI(주) 통신회사 명예회장는 일의 철칙을 늘 간단한 수식으로 만든다. 이는 초등학생도 알 수 있는 산수로 간단히 메모할 수 있다.

❶ 마쓰시타 고노스케의 업무 법칙: '지혜＝지식×열의＋체험'

간단히 설명하면 다음과 같다.

일이란 지식이 아니라 지혜로 한다. 하지만 지혜를 구성하는 요소에는 먼저 지식이 있어야 한다. 상품 지식이나 법률 지식, 비즈니스 매너가 그것이다. 은행원이라면 세금에서부터 자금 운용, 고객을 어떻게 서비스해야 하는지 폭넓은 지식이 필요하다. 물론 경쟁 회사가 어떤 전략을 취하는지 아는 것도 중요하다.

지식은 효과적인 무기지만 지식만으로는 성공하지 못한다. 지식에 열의를 곱하자. 더하는 것이 아니라 곱하는 것이다. 단순히 생각하면 곱셈이기 때문에 지식이 100이라도 열의가 0이면 결과는 0이다. 지식이 5밖에 되지 않아도 열의가 10이면 결과는 50이다. 그렇게 생각하면 지식만 앞서고 열의가 없는 사람의 성적이 시원찮은 이유도 수긍이 간다. 마쓰시타는 "열의야말로 사물을 달성하는 가장 큰 요체다."라고 말한다.

'지식×열의'만으로는 지혜가 되지 않는다. 여기에 체험을 더해야 하는데 마쓰시타는 체험에는 3가지 종류가 있다고 한다. 그것은 바로 큰 체험, 중간 체험, 작은 체험이다.

'하지만 체험 자체에는 크고 작은 구별은 없다. 같은 체험이라도 직접 체험한 사람이 어떻게 느끼느냐에 따라 다르다.'

여러분은 이 말 뜻을 이해할 수 있는가? 이를테면 30년 동안 열심히 일한 정년 퇴직자가 있다고 하자. 오랫동안 일했지만 아무런 느낌도 없이 그저 타성에 젖어 일을 했기 때문에 이 사람이 얻은 체험은 작은 체험이다. 하지만 신입사원이 1년 동안 적극적으로 일해서 큰 체험을 했다면 누가 더 체험과 경험이 풍부한 사람이라고 할 수 있을까? 마쓰시타 고노스케 방식으로 생각하면 물론 후자가 된다.

업무와 지혜, 지식, 열의, 체험의 상관관계를 하나의 식으로 표현한 것이 마쓰시타의 일 공식이다.

❷ 이나모리 가즈오의 인생의 법칙: '인생에 일어나는 일 = 능력×열의×사고방식'

여기에서 말하는 능력이란 마쓰시타의 '지식'에 해당한다.

이 공식의 재미있는 점은 '사고방식'이다. 이나모리는 능력과 열의는 0에서부터 100까지가 있지만 사고방식은 마이너스 100부터 플러스 100까지 있다고 말한다.

여러분은 '과연 그럴까? 그런 것일까?' 하는 의문이 생겼는가? 내가 이런 질문을 하는 이유는 '인재란 추상적인 것을 구체화할 수 있는 사람'이라고 생각하기 때문이다. 풀어서 말하면 능력과 열의가 같아도 사고방식이 다르면 결과는 천지 차이라는 의미다. 사고방식이란 일에 대한 가치관이며 인생을 대처하는 자세라고 해도 좋다. 어떤 의사가 있다고 하자. 의학적인 지식과 능력은 100점 만점이다. 좋은 세상을 만들고 싶고 인간을 행복하게 해주고 싶은 열의도 100점 만점이다. 하지만 그의 사고방식이 무차별 살인을 저지르는 테러집단의 사상과 같다면 그 결과는 최악이다.

그러므로 이나모리는 '능력, 열의, 사고방식' 중에서 '사고방식'이 가장 중요하다고 결론짓는다. 사고방식이란 자동차로 말하자면 핸들에 해당한다. 능력은 엔진이고 열의는 액셀러레이터다. 아무리 엔진이 강하고 액셀러레이터를 세게 밟아도 핸들을 잘못 돌리면 원하는 곳까지 안전하게 갈 수 없다.

삶과 일, 결과, 능력, 열의, 사고방식의 상관관계를 하나의 식으로 표현한 것이 이나모리의 일 공식이다.

05.
강연과 연수, 세미나에서 메모하는 방법

　얼마 전에 잘 알고 있는 한 기업의 사장이 강연을 한다고 해서 진지하게 경청한 기억이 있다. 강연이 끝난 뒤, 옆에 앉아 있던 사람이 내 공책을 가리키며 "이거, 무슨 뜻입니까?" 하고 조심스럽게 물었다. 강연 내내 이쪽을 흘끔흘끔 보았던 건 나를 본 것이 아니라 노트를 보고 있었던 것이다. 그래서 내가 한 메모에 대해 이야기를 하고 있자니 뒷사람, 그 옆 사람 등 많은 사람들이 주위에 모여들었다. 그래서 나는 생각지 않게 메모하는 방법에 대한 미니 강연을 하게 되었다.

　나는 늘 양복 안주머니에 큰 포스트잇을 넣어 가지고 다닌다. 또 가방에는 반드시 리포트 용지 대신 A4 용지를

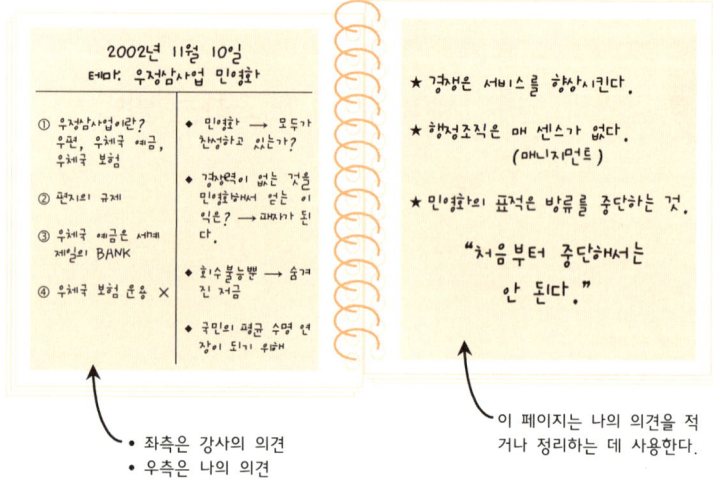

2002년 11월 10일
테마: 우정사업 민영화

① 우정사업이란?
  우편, 우체국 예금,
  우체국 보험

② 편지의 규제

③ 우체국 예금은 세계
  제일의 BANK

④ 우체국 보험 운용 ×

◆ 민영화 → 모두가
  찬성하고 있는가?

◆ 경쟁력이 없는 것을
  민영화해서 얻는 이
  익은? → 파산이 된
  다.

◆ 회수불능분 → 숨겨
  진 저금

◆ 국민의 평균 수명 연
  장이 되기 우쉐

★ 경쟁은 서비스를 향상시킨다.

★ 행정조직은 매 센스가 없다.
  (매니지먼트)

★ 민영화의 표적은 방류를 중단하는 것.

  "처음부터 중단해서는
  안 된다."

좌측은 강사의 의견
우측은 나의 의견

이 페이지는 나의 의견을 적
거나 정리하는 데 사용한다.

여러 장 넣어 둔다. 그리고 그중 결코 빼놓을 수 없는 휴대품은 고리로 된 대학 노트(A4 사이즈)이다. 고리로 고정되어 있기 때문에 찢을 때도 편리하다. 취재든 인터뷰든 강연이나 세미나든 항상 이 고리식 노트를 한 권 준비한다.

이 노트는 이렇게 사용한다.

① 첫 장은 쓰지 않고 다음 페이지부터 사용한다.
② 메모는 왼쪽 페이지에만 하고 오른쪽 페이지는 쓰지 않고
  그대로 둔다.

③ 왼쪽 페이지 중앙에 세로로 선을 그어 반으로 나눈다.

④ 나눈 페이지의 왼쪽에 강의 내용을 시간별로 메모한다.

⑤ 그 페이지 여백에 같은 간격으로 시간을 적는다.

⑥ 항목별로 메모한다.

⑦ 숫자와 고유명사는 정확히 메모한다.

여기에서 옆 사람이 관심을 보인 것은 ①페이지의 중앙을 나눈 이유와 ②오른쪽 페이지에는 왜 아무것도 쓰지 않는지에 대해서였다.

오른쪽에는 내 의견이나 느낌, 아이디어, 영감을 기입하기 위해서 비워 놓는 것이다. 예를 들면 강사는 그렇게 말하지만 나는 그것과 다른 생각이라고 느낄 때는 그때그때 메모한다. 이것이 앞에서 말한 '제3의 가치'가 된다. 이것이 강의 내용보다 더 중요하다. 강의 내용과는 전혀 무관하지만 '이런 것도 중요하구나.' 하고 깨달은 점을 쓸 수 있는 공간이 필요하기 때문이다. 이를테면 나의 낙서장이라고 생각해도 좋다. 인터뷰나 대담을 한 뒤에는 나중에 이곳에 구상이나 전체 시나리오, 스토리 따위를 메모한다. 어쨌든 노트 한 권이다. 아무리 많이 써도 비용은 많이 들지 않는다. 노트 한 권이면 충분하다.

메모를 이런 방법으로 한 것은 사실 고등학교 1학년 때부터였다. 국어 선생님이 "정답을 얻지 못하는 것은 근거가 잘못되었기 때문이다. 원인을 제대로 파악하지 못했는데 옳은 결과가 나올 리 없다. 원인이 잘못되면 반드시 결과도 잘못된다."라고 말씀하셨고, 나는 이 말을 듣자마자 갑자기 '그렇다, 원인만 제대로 밝히자. 답에 이르는 논거만 제대로 쓸 수 있도록 노트를 사용하자.'라고 생각했다.

수첩보다는 큰 노트를 사용해야 한다. 작은 수첩은 공간이 적기 때문에 금세 지저분해져 무슨 말을 썼는지 알아보지 못하게 된다. 게다가 형광펜으로 파랗고 노랗고 빨갛게 메모한 공책을 본 적이 있는데, 이런 메모는 눈만 피로하게 할 뿐 무엇이 중요한지 알아볼 수 없다.

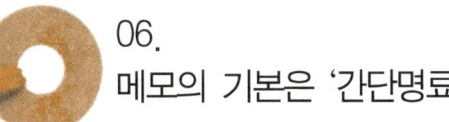

06.
메모의 기본은 '간단명료'

메모를 문장체가 아니라 항목별로 정리해서 쓰면 한눈에 알아볼 수 있다는 이점이 있다. 문장체로 된 메모는 처음부터 끝까지 읽기는 쉬우나 핵심을 파악하기가 어렵다.

연주도 처음부터 일목요연하게 짜여 있는 것보다는 순간순간의 애드리브가 필요한 잼세션jam session: 악보 없이 즉흥적으로 재즈를 연주하는 것이 훨씬 매력적이다. 다시 말해 항목별로 쓴 원고에는 끊임없이 애드리브를 할 만큼의 여유가 많다는 것이다. 특히 결혼식이나 전근 인사, 연설 등에는 이런 핵심 메모가 안성맞춤이다. '이것만은 말해야지.' 하고 작은 종이에 핵심 단어만 살짝 메모한다. '스토리를 전개할 때는 먼저 이걸 얘기하고, 다음은 이거. 음, 좋아.' 하고 번호를 매긴다. 여기까지 오면 나머지는 배짱으로 메우면 된다. 시나리오는 이것으로 충분하지 않을까?

만일 이 모든 것을 문장체로 작성했다면 좋은 결과를 장담하기 힘들다. 읽다가 행을 놓치면 그 순간 이야기는 궤도를 벗어난다. 잘못 읽어도 되돌릴 수 없다. 도중에 페이지에서 눈이라도 떼면 다음에 어디부터 읽어야 할지 몰라 모든 것이 뒤죽박죽되어 버린다. 놀라서 한참 동안 원고를 들여다보게 되고, 결국은 청중을 보고 싶어도 얼굴조차 들지 못한다. 결과적으로 "저 사람, 미리 써 놓고 읽기만 하는군." 하는 평가를 받게 된다.

좌담의 명수, 연설의 천재라는 사람들의 말을 들어 보면 알 수 있다. 그들은 틀림없이 백이면 백 모두 문장체보다 간단한 메모로 된 글이 말하기 쉽다고 대답한다.

5

'메모 지원 도구'를
사용하자

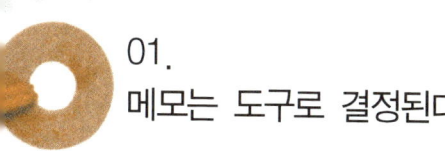

01.
메모는 도구로 결정된다

"자, 취재하죠." 하고 메모하는 자세를 취하면 그때까지 말을 잘하던 상대라도 갑자기 입을 다문다. 그리고 "이런, 실수했네요. 지금까지 한 말은 못들은 걸로 해주세요."라는 애매한 말을 한다. 이는 모든 사람들이 메모지를 꺼내는 순간 긴장하고 마음의 준비를 다시 하기 때문이다.

보통 이야기를 나누다가 갑자기 메모지를 꺼내면 "잠깐, 잠깐. 이건 비보도예요. 메모하면 곤란해요."라고 말하는 경우가 많다. 그러면 메모하지 말아야 할 때는 언제일까? 딱히 정해진 것은 없다. 바꿔 말하면 서로 말하지 않아도 눈치로 알 수 있다는 것이다. 그러므로 경험을 통해서 공부하는 수밖에 없지만 내 경험상 '메모하지 말아야 할 때'

는 다음의 경우라고 생각한다.

❶ 비밀 이야기를 할 때

"이번에 신상품이 나왔는데 굉장해요. 분명 우리 회사 주식이 대폭 오를 겁니다."

상대방이 이렇게 말했다고 하더라도 "멋지군요." 하고 맞장구를 치는 정도로 만족해야 한다. "그러면 정확히 언제 나오나요? 신문 발표는 언제 하죠?" 하고 메모하려고 하면 상대는 "아차, 일이 있다는 걸 깜빡했네요. 오늘은 그만하죠."라며 말문을 닫아 버린다.

그래도 메모하고 싶을 때는 어떻게 할까? 망각은 기억력보다 훨씬 뛰어나다고 했다. 자, 어떻게 해야 할까? 그럴 때는 가장 중요한 핵심 하나만 기억하면 된다. 다른 정보는 다 잊어버려도 좋으니 기억해야 할 것만 뇌에 메모한다. 그리고 방에서 나오자마자 재빨리 노트나 수첩에 메모하면 된다.

❷ 술자리에서의 메모

다음은 술자리에서의 메모다. 술자리에서는 가급적 메모를 하지 않는 것이 좋으나 꼭 필요한 경우라면 다른 사람이 알아차리지 못하도록 한다.

술자리는 서로 지위나 나이를 떠나 즐겁게 이야기하고 마시면서 꾸밈없는 모습을 보여 주는 자리다. 설령 접대라고 해도 메모해서는 안 된다. 상대방이 아무리 멋진 경영론을 펼치더라도 그 자리에서 메모할 필요는 없다. "과연, 굉장하십니다." 하고 열심히 듣기만 하면 된다.

그래도 꼭 메모하고 싶을 때는 어떻게 할까? 그때는 그 자리에 있는 소도구를 활용하면 된다. 종이 냅킨, 나무젓가락 포장지, 이런 것들을 멋진 '메모 지원 도구'로 사용하는 것이다. 하지만 메모할 때는 주위 사람들이 눈치 채지 못하도록 살짝 해야 한다. 이것이 예의다.

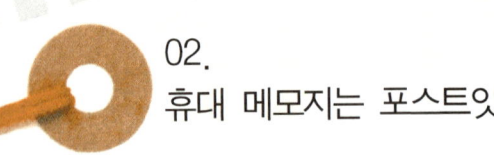

02.
휴대 메모지는 포스트잇

아무래도 주위에 메모지가 보이지 않을 때 위력을 발휘하는 것이 포스트잇이다. 이것은 정말 만능 메모지다.

포스트잇은 미국 3M^{쓰리 엠}의 히트 상품으로, 만들다 망친 접착제를 다른 용도로 쓸 수 없을까 생각하던 아서 프라이라는 화학자의 아이디어로 세상에 태어나게 되었다. 벌써 30년 전의 일이다.

교회 성가 대원이었던 아서는 그날 부를 찬송가 페이지에 종이를 끼워 표시했는데 종이가 금세 빠져나갔다. '찬송가 사이에 끼워 놓은 종이가 빠지지 않으면 좋겠어. 그래, 책갈피에 접착제를 발라서 끼워 두면 되지. 하지만 떼어낼 때 찬송가가 찢어지잖아. 그렇다면 조금만 붙이면 어떨까? 맞아, 이렇게 하면 노래할 때 편하겠군!' 하는 생각에서 상품화한 것이 그 유명한 포스트잇이다. 나도 20년 전부터 애용하고 있다. 용도에 맞게 다양한 크기의 포스트잇을 쓴다.

가장 자주 쓰는 제품은 전문서적을 읽을 때 중요한 부분에 붙여 두면 나중에 다시 찾을 때 편리한 두 종류의 포스트잇이다.

① 가로 15mm×세로 50mm
② 가로 25mm×세로 75mm

이 2가지는 각각 서류의 크기에 따라 나누어서 쓴다. 보통 사이즈라면 ①, 큰 것은 ②라는 식이다. 특히 첫 번째 포스트잇은 집과 서재에 많이 놓고 쓴다. 각 방에 놓아두고 쓰는 것만 더해도 200개 정도는 될 것이다. 겉옷과 바지에도 반드시 하나는 들어 있다.

또 다른 크기의 제품도 용도에 맞게 함께 쓰고 있다.

③ 가로 102mm×세로 76mm
④ 가로 127mm×세로 76mm

이 2가지 포스트잇은 크기가 크기 때문에 많은 내용을

적을 때 편리하다. 하지만 책 사이에 붙여서 페이지를 나타낼 때는 적합하지 않다. 모든 포스트잇의 크기는 안주머니에 들어가므로 수첩 대신 사용한다.

나는 수첩을 가지고 다니지 말자는 주의이기 때문에 이것을 주머니에 넣어 두면 급할 때 당황하지 않고 메모할 수 있다.

⑤ 가로 102mm×세로 152mm

이 제품에는 줄이 쳐져 있기 때문에 기록하는 메모용으로도 사용하지만, 용건을 전하는 메모지로 안성맞춤이다.

⑥ 가로 76mm×세로 102mm
⑦ 가로 38mm×세로 102mm

직사각형 모양이다. 여기에는 노트 사용양식이 인쇄되어 있어 전화메모, 팩스표지, 회람지 등 필요한 용도에 따라 다양하게 사용할 수 있다.

포스트잇이기 때문에 접착력은 확실하다. 바람이 불어도 날릴 염려가 없다. 책상이나 컴퓨터 모니터에 붙여 놓아도 떨어지지 않는다. 전할 말도 확실히 전할 수 있다. 포스트잇은 정말 유용한 메모 지원 도구이다.

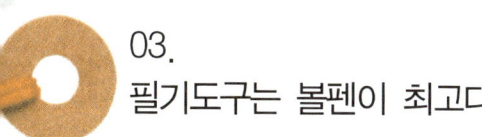

03.
필기도구는 볼펜이 최고다

노트나 수첩, 포스트잇이 있다고 해서 메모할 준비가 완벽하게 갖추어진 것은 아니다. 그렇다, 쓸 것이 있어야 한다.

쓰기 위한 도구에는 펜이나 샤프, 연필, 만년필, 볼펜, 사인펜, 붓, 분필 등 종류도 다양하다. 그중에서도 인터뷰나 취재할 때 가장 좋은 것은 볼펜이다. 이것만 있으면 다른 건 필요 없을 정도다.

생각해 보면 알 수 있지만 샤프를 쓰다가 도중에 심이 부러지면 계속 눌러야 한다. 눌러서 나오면 다행이지만 샤프심이 없을 때도 있다. 한창 인터뷰하던 중에 샤프심을 넣는 일만큼 당혹스러울 때도 없다. 그 점에서 볼펜이라면 걱정이 없다. 여유 있게 하나 더 준비해 두면 안심, 또 안심이다.

강연회나 연수, 세미나에서는 고리식 노트를 사용하는데 이때는 샤프를 쓴다. 평소에도 2B심을 넣은 샤프를 쓴다. 보통은 4B를 가장 좋아하는데 유감스럽게도 너무 잘 부러진다. 잘 부러지지 않는다고 광고하는 심도 써 보면 잘 부러진다. 나는 글씨를 쓸 때 힘을 줘서 쓰기 때문에 심이 적당히 단단해야 한다. HB는 연하고 2H는 너무 흐려서 쓴 내용을 알아보지 못할 수도 있다.

파티나 교류회에서 명함을 주고받을 기회가 있다. 요전에 받은 명함은 인쇄된 명함이 아니라 일본 종이로 만든 명함이었다. 직사각형의 흔한 명함이 아니라 손으로 찢어서 만든 듯한 느낌을 주며, 명함 크기로 만든 일본 종이에 붓으로 자기 이름을 쓴 것이었다. 물론 뒤에는 이미 주소와 전화번호가 인쇄되어 있었다. 일일이 붓으로 이름을 써야 하니 귀찮지 않을까 생각했지만 시간이나 공간적으로 절묘한 여유를 느낄 수 있어서 오히려 좋다는 느낌이 들었다. 어쨌든 분위기랄까, 인상이 좋게 느껴졌던 것이다. 회사에서 지급하는 명함을 건네도 좋지만 이런 명함을 주는 것도 색다른 맛이 있어서 좋을 거라는 생각이 들었다.

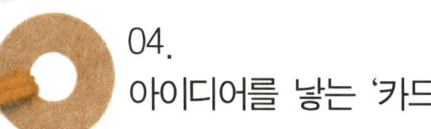

04.
아이디어를 낳는 '카드'

　활자나 전파, 이벤트, 다른 사람에게 얻은 귀중한 아이디어는 어떻게 정리해야 할까? 나는 컴퓨터에 입력하기 전에 일단 카드에 써서 정리한다. 이 카드는 B6 크기^{가로} _{18cm×세로 12.8cm}에 줄이 쳐 있는데 겉면만 사용하며, 요점별로 적거나 그림으로 나타내서 기록해 둔다.

　다음은 메모하는 방법인데 주제는 아무거나 좋다. 예를 들면, 여러분이 인사과에 다니고 앞으로 전문인재 육성이나 교육 지도자 방면에서 일류가 되고 싶다고 하자. 그렇다면 주제와 관련 있는 생각이나 발상, 아니면 가치 있는 정보를 꾸준히 메모한다. 메모한 뒤에 주제마다 분류해서 자기만의 전문 데이터 박스를 만들어 관리하면 좋다. 관리한 정보는 업무에 필요할 때 꺼내서 활용한다.

나는 주제를 1년에 한 번, 모두 바꾸는데 지금은 다음과 같이 분류해 두고 있다.

- 매니지먼트 - 경영론, 조직론
- 매니지먼트 - 부하 직원 지도
- 마케팅 - 장사, 상품 개발, 세일즈
- 인재론 - 선구자, 개발자
- 발상법 - 상식을 뛰어넘은 생각, 아이디어
- 과학기술 - 수학, 공학
- 철학 - 고전, 문학, 종교
- 성공론 - 라이프 디자인, 돈
- 인간론 - 삶, 인정, 사랑
- 일 - 기본, 응용, 기술

내 머릿속에 있는 관심사를 분해하면 이렇다. 주제라고 말해도 상당히 광범위하기 때문에 그때마다 카드를 전체 적으로 복습하는 셈이다.

가치는 다음의 3가지 점을 기준으로 평가한다.

① 지금 사용하는가?

② 알맞은 때인가?

③ 이미 사용했나?

다시 말해 과거의 정보와 너무 먼 미래의 정보는 과감하게 버린다는 뜻이다. 왜? 정보는 넘칠 만큼 많기 때문이다.

05.
출판기획 캐비닛은 이렇게 되어 있다

나는 지금까지 단행본만 80권 정도 출간했다. 나의 형제들은 대단히 혹독한 평론가들이기 때문에 "그렇게 내서 뭐 잘 된 거 있어? 종이 자원이라는 환경문제를 조금이라도 생각해 봐야지?", "똑같은 내용은 쓰지 마라. 독자에게 실례야."라고 늘 주의를 준다. 그러면 나는 "알았어, 알았어." 하고 반성한다.

하지만 지금 생각하고 있는 출판기획만도 40개 정도 된다. 이 숫자는 10년 전부터 조금도 달라지지 않았다. 앞으로도 같은 수준으로 갈 것이다. 물론 이 책 중에는 기획을 의뢰받은 안건도 모두 포함되어 있다. 어쨌든 이 40개의 기획은 모두 '10단으로 된 파일 캐비닛'으로 관리하고 있다. 서재에는 이러한 캐비닛이 네 개 있는데 일을 진행하는 방법은 다음과 같다.

· 캐비닛을 제목마다 분류해서 목차를 붙인다.
· 주제에 따라 자료를 모은다.
· 자료를 타이틀에 따라 캐비닛에 넣는다.
· 출판 일부터 거꾸로 계산해서 집필 스케줄을 결정한다.
· 스케줄이 정해지면 기획서를 작성한다.(회의를 통해서 정식으로 시작)
· 기획서 단계에서 목차 내용은 모두 정했으므로 그것에 따라 자료를 나열한다.
· 나머지는 쓰기만 하면 된다. 며칠 뒤에는 원고가 완성된다.

여기에서의 요점은 얼마나 쓸 만한 아이디어, 에피소드, 기록, 자료를 모을 수 있느냐다. 이것이 모이면 이제 끝난 것이나 마찬가지다. 나머지는 시간문제다. 그러면 모을 수 있는 방법 3가지를 들어 보자.

① 자신의 체험 중에서 아이디어, 특기, 노하우, 에피소드를 끌어낸다.
② 다른 사람의 체험을 조사한다.

③ 서류를 찾는다. 단, 이것은 교훈으로 삼을 만한 사건이나 일을 대상으로 한다.

특히 ③이 중요하다. 비슷한 책과 차별화할 수 없다면 독자는 매력을 느끼지 못한다. 내가 아니면 쓸 수 없는 내용, 즉 다른 사람은 도저히 쓸 수 없는 내용이어야 가치가 있다.

이 방법을 사용하면 누구든 단행본 한두 권 정도는 쓸 수 있을 것이다.

06.
IC레코더는 장소에 구애받지 않는다

왜 IC레코더를 메모하는 도구로 사용하려고 할까? 내가 10년 전에 구입한 IC레코더는 목소리를 16분밖에 녹음하지 못했지만 그래도 많은 도움이 되었다. 서점에 불쑥 들어가서 책을 보다가 '아, 이 책 괜찮군.' 하는 생각이 들거나, 술집에 가서 '이 기획, 재미있겠는 걸.' 하고 깨달았을 때 재빨리 녹음을 했다. 핵심 단어만 녹음하면 되니 16분이면 충분했다.

발상이나 기획은 언제 갑자기 떠오를지 모른다. 서점에 가서 어떤 책의 제목이 눈에 띄어 순간 기획이 떠오르거나, 지하철을 타고 가다 들리는 옆 사람들 이야기에서 발상이 떠오를 수도 있다. '메모하면 좋겠는데……' 하는 생각이 들 때 메모할 수 있는 장소라면 별 문제가 되지 않는다. 그러나 택시를 타고 가다가 발상이 떠오르면 노트나 메모지를 꺼내기보다 IC레코더 단추를 누르고 말하는 게 편하다. 걸어가면서 메모하기는 어렵지만 이것만 있으면 달리면서도 메모할 수 있다.

게다가 IC레코더는 이불 속에서 메모하기에도 편리하다. 송나라 시인 구양수歐陽修는 효율적으로 사색할 수 있는 장소는 "말을 타고 가다가, 잠자리에 들어서, 화장실에 앉아서."라고 했다. 잠자리에 들어 꾸벅꾸벅 졸 때는 뇌 안에 알파파가 가득 차 낮에 아무리 생각해도 떠오르지 않던 답이 갑자기 튀어나온다. 이때 "됐어, 어차피 내일 다시 생각날 텐데 뭐." 하고 메모하지 않은 채 그대로 자면 아침이 되어 "어, 뭐였지? 이거 큰일이군." 하고 낭패를 보게 된다.

이렇게 되지 않기 위해서도 생각났을 때 즉시 메모할 수 있는 도구를 활용해야 한다. 그것이 바로 IC레코더다. 세로 10센티미터, 가로 2.5센티미터로 아주 가느다랗다. 이런 가는 막대 모양의 IC레코더라도 얕보면 안 된다. 매우 힘이 좋아 작은 1.5볼트 건전지 두 개로 47시간 넘게 녹음과 재생을 할 수 있는 그야말로 뛰어난 물건이다.

'47시간? 그렇게까지 쓸 일이 있을까?' 하고 의문을 품는 사람도 있을 것이다. 그러나 IC레코더는 단순히 녹음만 하는 기능으로 끝나지 않는다. 다양하게 활용할 수 있는 메모 지원 도구인 것이다. 예를 들면 상담할 때 거래처에서 "이런 상품이 있으면 당장이라도 사고 싶다."라고 말했다고 하자. 그것을 IC레코더로 메모했다가 회사에 와서 "이것이 시장의 소리입니다."라고 말하면서 녹음한 내용을 들려주면 회의실에는 현장감 넘치는 고객의 소리가 울려 퍼져, 매우 설득력 있는 설명을 할 수 있지 않을까?

또한 이 IC레코더는 디지털 녹음이기 때문에 USB 케이블로 컴퓨터와 연결하면 녹음을 일괄적으로 관리할 수 있다. 주제마다 색인을 붙여 놓으면 녹음 내용 중에서 다시 듣고자 하는 부분의 첫머리를 찾을 수 있기 때문에 순서 없이 녹음해도 자동적으로 정리할 수 있다.

일반 녹음기도 괜찮지만 IC레코더는 가지고 다니기에 편리해서 다방면으로 사용할 수 있다. 기능과 휴대가 뛰어나 질적, 양적 모두 만족스럽다. 나는 인터뷰할 때도 IC레코더를 활용한다. 일반 녹음기와 달리 안주머니에 꽂아 두기만 하면 되니 정말 간편하다.

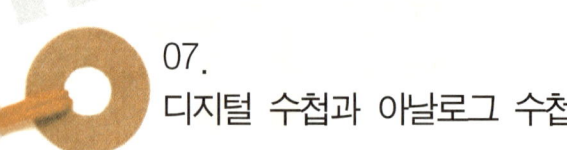

07.
디지털 수첩과 아날로그 수첩

메모라고 하면 제일 먼저 수첩이 떠오른다. 더구나 수첩은 비즈니스맨에게 없어서는 안 될 물건이다. 그런데 수첩의 3대 요소를 아는가? 3대 요소란 바로 일정 관리, 주소, 메모를 말한다. 이 3가지 요건만 갖추면 수첩으로 쓰기에 충분하다.

아는 사람 중에 술만 마셨다 하면 수첩이나 안경, 아니면 지갑 중 하나는 꼭 잃어버리기로 유명한 사장이 있는데, 제일 곤란했던 것은 수첩을 잃어버렸을 때라고 한다. 그는 "수첩을 잃어버렸으니 이제 끝장이야. 앞으로 반년 동안의 스케줄이 엉망이 되었어!"라고 걱정했다. 그러나 다행히 사장의 술버릇을 잘 아는 능력 있는 비서가 사장의 일정을 모두 컴퓨터로 관리했기 때문에 큰 문제는 일어나지 않았다고 했다.

나는 이사할 때 명함 파일을 잃어버린 적이 있다.

"이건 버려 주세요. 저건 서재로 옮기세요."라고 했는데 거꾸로 지시했던 것이다. 다시 말해 불필요한 쓰레기는 잘 정리하고 중요한 경영자원은 내다 버렸다. 황당하고 당황스러워 정말 어쩔 줄을 몰랐다. 그래서 나는 이 사건 이후 주소는 항상 컴퓨터와 팩스 네트워크 시스템으로 관리한다.

컴퓨터로 주소를 관리할 때는 주로 3가지로 나눈다.

① 매스컴 관계자
② 대학이나 비즈니스 스쿨 관계자
③ 내가 주재하는 공부 모임의 멤버

주소를 입력해 두면 주소와 이름을 인쇄할 수 있다. 물론 전화번호도 등록해 두었기 때문에 전화를 할 수도, 팩스를 보낼 수도 있다. 데이터가 점점 많아지면 지워야 할 것은 지우고, 더 자세히 파악해야 할 정보는 다시 추가한다.

08.
PDA를 사용하는 이유

일반 수첩의 끄트머리에 메모하는 사람이 가끔 있는데, 이렇게 작은 여백에 얼마나 되는 내용을 써넣을 수 있을지 의문이다. 나는 다른 메모지가 없을 때만 급하게 수첩 여백에 쓸 뿐, 그 이외에는 언제나 포스트잇을 쓴다.

자세히 살펴보자. 수첩은 생명보험회사에서 해마다 공짜로 보내 주는 것부터 한때 붐이었던 시스템 수첩까지 종류와 가격이 천차만별이다. 쓰기 편한 수첩이나 손에 익은 수첩이라면 어떤 것이든 좋다. 나는 이미 시스템 수첩을 졸업하고 지금은 NTT 도코모 1992년 일본전신전화회사 NTT로부터 독립한 회사로 출범 당시 경영이 매우 불안정했지만 이후 휴대전화 단말기에 인터넷 기능을 추가한 'i모드'라는 신기술을 개발해 8년 만에 매출이 열 배로 늘어 거대기업으로 성장 에서 만든 '시그마리온II'를 쓰고 있다. 세로 12센티미터, 가로 18센티미터, 두께 2센티미터밖에 안 된다. 물론 시스템수첩보다 훨씬 가볍다. 시그마리온II를 쓰는 이유는 일반 수첩보다 이점이 많기 때문이다.

① 컴퓨터와 연결해서 일정을 관리할 수 있다.
   : 사내 LAN으로 연결하면 사내에서 정보를 공유할 수도 있다.
② 짧은 시간 안에 쉽게 기입, 삭제, 변경을 할 수 있다.
③ 필기도구 없이도 메모할 수 있다.
④ 전자메일, 인터넷을 할 수 있다.
   : 상사에게 보고하거나 연락, 상담을 할 때도 효과가 있다.
⑤ 기동이 빠르기 때문에 편리하다.
⑥ PDA용 전자사전 프로그램을 깔면 영어사전, 국어사전으로 재빨리 변신한다.

나는 이런 이유로 아날로그 수첩에서 디지털 수첩으로 바꾸었다. 그러나 디지털 수첩도 단점은 있다.

① 배터리가 떨어지면 쓸 수 없다.
② 약속이 갑자기 취소되었을 때 지워 버리면 증거가 남지

않는다.

③ 기동이 늦은 PDA가 있다.

　시그마리온II는 기동이 빠르고 메모 수첩 기능도 충실하기 때문에 매우 편리하다. 특히 기획 업무를 하는 사람은 '업무 폴더'를 열면 그 자리에 테마마다 ①제목, ②진행 순서(시작일, 기한 같은 일정), ③ 상세한 정보(우선순위)를 메모할 수 있다. 나는 모든 기획 테마를 PDA로 관리한다. 더 작은 PDA(샤프에서 만든 자울스 등)를 쓰지 않는 이유는 시그마리온II의 키보드가 컴퓨터와 같은 식으로 되어 있어 훨씬 편리하기 때문이다.

09.
컴퓨터를 사용한 메모 방법

　컴퓨터는 가지고 다닐 수 없지만 PDA는 가볍기 때문에 가지고 다니기 좋다. 인터넷으로 검색할 수도 있고 자료를 입력해 두면 언제든지 꺼내 볼 수도 있다. 시그마리온II에는 파워포인트도 기본으로 깔려 있기 때문에 이것을 사용해서 설명회도 할 수 있다. 워드나 엑셀도 깔려 있고 키보드도 사용하기 편리하다.

　하지만 이것으로 원고를 쓰는 일은 생각해 본 적이 없다. 원고는 어디까지나 A4 크기의 노트북(델컴퓨터 제품)이나 집에 있는 데스크 탑(NEC제품) 컴퓨터를 사용해 작성한다. 물론 출장 갈 때는 델에서 만든 B5 크기의 노트북을 가지고 간다. 이것은 전원 없이 배터리만으로 7시간 동안 쓸 수 있는데 무게는 1킬로그램이 조금 넘을 정도로 가볍다.

요즘은 컴퓨터가 한 집에 한 대꼴로 있는 시대가 아니라 한 집안에 두 대, 세 대인 시대로 가고 있다. 그러므로 PDA와 컴퓨터의 역할분담을 확실히 해두어야 한다. 이를테면 내가 PDA를 사용하는 목적은 다음과 같다.

① 일정 관리(주요 목적)
② 외출한 곳에서 이메일을 주고받을 때
③ 제목과 주제 관리

반면, 집에 있는 컴퓨터는 주로 다음과 같은 경우에 쓴다.

① 컨설팅 업무 관리
② 비즈니스 스쿨의 수업 과목, 강의자료 관리
③ 원고 집필
④ 인터넷 검색
⑤ 홈페이지 제작과 관리
⑥ 각 연구회의 정보관리, 명부 관리
⑦ 전자 우편 주고받기

B5 크기의 노트북은 매우 가볍기 때문에 PDA라고 해

도 좋을 정도지만 확실히 크기가 다르다. 그러므로 출장 갈 때만 쓰는 전용 컴퓨터다. 그때 PDA는 당연히 두고 간다.

하지만 모든 관리를 디지털로 하지는 않는다. 이를테면 일정 관리는 책상 위에 놓인 달력으로 한다. 달력은 한 면에 1,2월 3,4월 이런 식으로 두 달이 한꺼번에 표시된 것으로 준비한다. 그리고 거기에 사인펜으로 '강연 ○○회사 담당 ○○ 씨, 전화 ○○'라는 형식으로 내용을 적는다.

최근에는 전자 우편으로 의뢰하는 경우가 대부분이다. 전자 우편으로 할 경우에는 의뢰 내용, 회사 이름, 담당자 이름, 전화번호, 전자 우편 주소를 알 수 있다. 이 중에서 반드시 필요한 정보만 큰 달력에 옮겨 적는다.

컴퓨터는 상대 기업의 주소를 보면 어떻게 가야 하는지 금방 알 수 있어서 편리하다. 왜냐하면 지도 프로그램과 교통 프로그램을 사용하면 장소를 정확히 알 수 있고, 최적의 교통수단을 제안해 주기 때문이다. 젠린ZENRIN: 지도를 제작, 판매하는 유명한 회사의 지도는 특히 편리하다.

상대방이 전화로 오는 길을 설명해 줘도 좀처럼 이해하기 어렵고, 알아들었다고 해도 당일 아침에는 잊어버리기가 쉽다. 지도를 받으면 편리하지만 그것보다 컴퓨터로 지도를 보면서 확인하는 게 빠르다.

　지도의 효과는 크다. 요즘은 장기 불황으로 회사에서 나와 택시 운전을 하는 샐러리맨들이 많기 때문에 운전을 한다고 해도 길을 모르는 경우가 많다. 그러므로 언제나 지도를 확대 복사해서 행선지에 미리 붉은 색 펜으로 동그라미를 쳐 둔다. 이것을 운전기사에게 건네면 "아, 여기군요. 알았습니다."라고 쉽게 이해할 수 있어서 일이 한결 수월해진다. 그리고 이것 또한 메모의 멋진 한 방법이다.

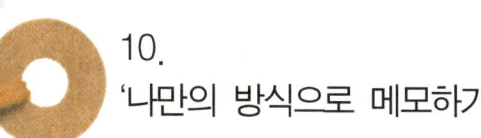

10.
'나만의 방식으로 메모하기'

앞서 언급했듯이 나는 1년에 책을 3천 권 정도 읽는다. 그러나 내용을 꼼꼼히 읽지는 않고, 인터넷으로 구입하기 때문에 잘못 샀다고 생각하는 책들도 많다.

소설이든 비즈니스 서적이든 재미있는 책은 처음부터 재미있다. 재미없는 책은 처음부터 끝까지 재미없다. 따라서 표지를 보고 꿈이 깨지고, 목차를 보고 "역시!" 하고, 처음 다섯 페이지 정도를 읽고 '이건 아니다.'라고 깨달은 단계에서 중고책방에 내놓는다. 책이 아깝기는 하지만 쓸데없는 책을 보느라고 시간 낭비하는 것보다는 낫다. 그러므로 아깝다고 생각하지 않고 과감히 버린다.

물론 참고해야 할 좋은 책도 많다. 예를 들면 나는 홈페이지에 매주 세 권씩 서평을 싣는다. '지금, 막 서점에 진열된 책'으로 김이 모락모락 나는 따끈따끈한 책뿐이다. 소설부터 에세이, 시집, 비즈니스 서적 등 분야를 가리지 않고 소개한다.

이런 책들은 크게 2가지로 나누어 활용한다. 하나는 논문을 쓸 때 자료로 참고하기 위해서, 또 하나는 지적 자극을 받아 '제3의 가치'를 끌어내기 위해서다.

메모하는 방법은 다음과 같다.

① 포스트잇으로 표시한다.
② 인용 부분은 컴퓨터에 입력한다.
③ '제3의 가치'는 대형 포스트잇에 메모한다.
④ 메모한 내용은 컴퓨터에 입력한다.
⑤ 주제, 제목, 주제어, 색인을 만든다.

특히 주목해야 할 것은 ③과 ④다. 독서의 참다운 즐거움이란 여기에 있기 때문이다. '저자는 그렇게 생각하지만 이건 아니다. 나는 반대로 생각한다.', '그렇지 않다. 내 생각은 이렇다.'는 식으로 적는다. 다시 말해 ①과 ②가 '지당하신 말씀'이라고 생각하며 읽는 방법이라면 ③과 ④는 '당신, 그건 틀렸어.'라며 읽는 방법이다. 물론 후자 쪽이 훨씬 더 가치 있다.

무엇이나 부정하지 않으면 창의적인 발상은 나오지 않는다. '이건 아니다!'는 제안이 있어야 비로소 새로 질문하는 의의가 있다. 완전히 같은 의견이라면 말할 필요가 없지 않을까?

그리고 이러한 문서의 메모는 컴퓨터로 관리하는 것이 좋다. 컴퓨터의 검색 기능으로만 한 번에 이들 각각의 정보에 접근할 수 있기 때문이다.

11.
컴퓨터의 기능을 최대한 이용한다

지우지 않는 한 영원히 기억하는 컴퓨터의 특징을 살려서 메모하자.

나는 책을 대부분 인터넷 서점에서 구입한다. 구입할 책을 클릭하면 그 책은 장바구니에 들어간다. 하지만 최종적으로 구입 확정이라는 항목을 클릭하지 않으면 매매는 성립하지 않는다. 인터넷 서점이 더욱 편리한 것은 사고 싶은 책을 장바구니에 많이 담았다가 '나중에 구입' 항목을 클릭하면 보관해 주는 기능을 갖고 있기 때문이다. 이렇게 하면 정말로 읽고 싶은 상품인지 아닌지, 예산은 얼마나 되는지 잘 생각하고 나서 결정할 수 있다. 충동구매의 함정에서 벗어나게 해주는 서비스이기도 한 것이다. 더구나 내가 선택한 책이름은 모두 데이터에 남기 때문에 다시 메모할 필요가 없다. 다시 말해 메모를 대신해 주는 셈이다.

같은 서비스를 하는 기업 중에 문방용품과 사무용품을 통신 판매하는 아스쿠루明日来る: 일본말로 내일 온다는 뜻가 있다. 오늘 주문해도 내일 오기 때문에 아스쿠루인데 지금은 오전 중에 주문하면 오후에 도착한다. 이제는 '고고쿠루午後来る: 오후에 온다'인 셈이다.

이 서비스에도 '오늘은 사지 않습니다.'라는 칸이 있어서 나는 인터넷 서점에서처럼 많은 상품을 한꺼번에 여기로 모아 둔다. 정말 유용한 기능이다.

12.
디지털카메라로 메모하는 방법

나는 새로운 것을 좋아하기 때문에 새로운 것이 눈에 보이면 바로 구입하는 편이다. 디지털카메라도 세상에 나오자마자 재빨리 샀다. 디지털카메라는 필름이 필요하지 않기 때문에 현상할 필요도 없다. 화상은 컴퓨터에 담아 데이터 파일로 만들어 내장 메모리에 메모한다. 물론 모니터에 뜨게 할 수도 있고 송신이나 전송도 마음대로 할 수 있다. 나처럼 사진을 못 찍는 사람도 아주 편리하게 쓸 수 있다. 잘못 찍어도 지우고 다시 찍으면 그만이다. 지우고 찍고, 지우고 찍고 끝없이 반복할 수 있다. 복원하거나 수정도 간단하다.

디지털카메라를 활용하는 방법에 대해 이야기해 보자.

디지털카메라는 화상을 찍을 수 있을 뿐만 아니라 음성까지 녹음할 수도 있으므로 도판圖版이나 차트, 경치 등을 촬영하면서 자기 나름대로 해설을 넣을 수 있다. 디지털카메라 이전에는 차트를 노트나 포스트잇에 메모하고 아주 작은 글씨로 설명하는 번거로운 작업을 했지만 디지털카메라만 있으면 한 번에 모두 메모할 수 있다.

전시회에 가거나 해외여행을 가서도 디지털카메라 한 대만 있으면 모든 것이 해결된다. 예를 들면 버스나 전차 시간표를 한 번에 메모할 수 있다. 이전에는 정류장에서 시간표를 일일이 노트에 적어야 했지만 지금은 디지털카메라로 순식간에 메모할 수 있기 때문에 시간을 효과적으로 활용할 수 있다.

포스트잇은 펜이 없으면 메모할 수 없고, IC레코더로는 화상을 촬영할 수 없다. 하지만 디지털카메라는 필요한 장소에서 필요한 설명을 영상과 음성을 함께 메모할 수 있다. 디지털카메라와 텔레비전을 연결하면 그 자리에서 화상을 텔레비전으로 볼 수 있어 거래처 설명회에서도 활용할 수 있다. 디지털카메라의 활용도는 정말 무궁무진하다.

13.
휴대전화 카메라를 사용한 메모하는 방법

요즘은 카메라를 내장한 휴대전화가 크게 유행이다. 디지털카메라와 휴대전화를 따로 가지고 다니기보다 일체형 휴대전화를 사용하는 게 편리하다. 화상도 상당히 깨끗하게 찍힌다. 나도 홈페이지에서 '나카지마 다카시의 B급 구루메gourmet: 프랑스 말로 음식 맛에 정통하거나 그런 사람을 뜻함'라는 페이지를 운영하느라 카메라가 내장된 휴대전화를 가지고 있다.

어렸을 때부터 식도락가였기 때문에 A급, B급을 따지지 않고 많은 가게를 알고 있다. 영업을 하느라 전국을 돌아다녔기 때문에 오사카에 밤 2시부터만 문을 여는 뱀장어 집부터 1년 내내 예약으로만 손님을 받는 포장마차 초밥 집까지 아주 상세하게 알고 있다.

가게나 음식을 소개하려고 사진을 찍을 때는 디지털카메라를 사용하기가 어렵다. 사진을 찍어 가는 것을 꺼려하는 곳도 있기 때문이다. 하지만 카메라 내장형 휴대폰만 있으면 아무도 모르게 멋지게 '찰칵!' 찍어서 홈페이지에 실을 수 있다. 가게 이름은 가능한 숨기는데 음식은 역시 사진으로 보지 않으면 상상이 안 된다. 그러므로 카메라 내장형 휴대전화는 빼놓을 수 없는 보배다. 멀리서도 가깝게 찍을 수 있어 전시회나 세미나에서도 촬영할 수 있고 메모 기능을 사용하면 음성을 녹음할 수도 있다. 디지털카메라의 자리를 넘볼 만큼 기능이 충실하다.

또 인터넷 접속은 물론 영화, 기차 등의 예약도 마음대로 할 수 있다. 수첩에 메모하는 것이 아니라 I모드로 그대로 메모한다고 생각하면 휴대폰은 메모하는 방법에 크게 공헌한다는 말이 된다.

14.
파워포인트로 메모하는 방법 I

　마지막으로 이야기하고 싶은 전자 도구는 파워포인트다. 나는 강연이나 강의는 모두 파워포인트로 한다. 파워포인트는 마이크로소프트가 발표용으로 개발한 소프트웨어로 누구나 손쉽게 다양한 자료를 만들어서 프레젠테이션을 할 수 있는 뛰어난 제품이다.

　최근 수년 동안 기업은 물론 와세다, 도쿄 대학 등에서 강의를 했는데 강의 자료는 모두 파워포인트로 메모한다.

　가장 큰 장점은 시각적으로 강의할 수 있다는 점이다. 그림이든 데이터 그래프든 간단히 작성할 수 있을 뿐만 아니라 효과음까지 넣을 수 있고, 디지털카메라나 비디오 화상까지 담을 수 있기 때문에 변화와 움직임이 있는 역동적인 발표를 할 수 있다. 그래서 나이든 비즈니스맨에게 편리한 프로그램이다. 나처럼 목소리도 작고 풍채도 없어 다른 사람 눈에 잘 띄지 않는 사람은 이 프로그램이 많은 도움을 준다. 어떤 교수는 파워포인트로 발표하면서 수강생이 꾸준히 늘고 있다고 말한다.

내가 주장하고 싶은 것이나 전달하고 싶은 내용을 시각적으로 알기 쉽게 설명하면 상대도 금세 알아듣는다. 이렇듯 파워포인트는 훌륭하고 효과적인 설명 도구다.

이제 종래의 슬라이드나 팬 플레이트로 설명하던 시대는 지났다. 지금은 파워포인트를 많이 사용한다. 그리고 나는 파워포인트가 나의 잠재능력까지 끌어내 주었다고 생각한다. 적어도 내 생각은 그렇다.

하지만 사실 잘난 척 하고 떠들 것도 없다. 이 소프트웨어를 구입한 계기도 어떤 수강생이 지적해 주었기 때문이다. 나는 강의가 모두 끝나면 수강생들에게 강의 내용을 채점하도록 했다. 물론 수강생들의 평가는 엄격하다. 파워포인트를 사용하기 전까지 수강생들은 "일방적으로 떠드는 강연이 아니라 의사를 전달하는 강의를 듣고 싶다.", "화이트보드에 쓰는 시간이 아깝지 않은가?", "메모하느라 정신없다. 사전에 데이터로 받을 수 있다면 더 좋겠다!"고 평가했다. 그래서 고심 끝에 파워포인트를 섭렵하겠다고 결심한 것이다.

덕분에 지금은 비즈니스 스쿨이나 금융기관, 병원, 회사에 노트북 하나만 들고 가서 강의한다. 또 달마다 회원을 대상으로 한 원리원칙 연구회에서도 컴퓨터 한 대로 강의하고 있다.

15.
파워포인트로 메모하는 방법 Ⅱ

파워포인트의 장점을 정리하면 다음과 같다.

① 간단하다.

  : 워드프로세서처럼 키보드로 작성하고 수정하며 삭제할 수 있
    다. 특히 가공이 매우 쉽다. 강의에서 사용한 자료가 오래된
    경우에는 수치만 바꾸어서 쓸 수 있으므로 자료 작성을 빨리
    할 수 있다.

② 순서를 즉시 바꿀 수 있다.

  : 슬라이드 화면을 한 장면씩 바꾸어서 설명한다는 뜻인데, 모
    든 화면을 축소해서 한 화면에 표시, 퇴고에 퇴고를 거듭해
    설명 순서를 한 순간에 바꿀 수 있다.

③ 효과음을 넣을 수 있다.

: 음성을 간단히 연출할 수 있다.

④ 글자가 깨끗하다.

: 나처럼 글씨를 못 쓰는 사람에게 안성맞춤이다. 화이트보드에 글씨를 쓰자마자 "저렇게 글씨를 못 쓰는 사람의 강의를 들어도 괜찮을까?" 하는 비웃음을 듣지 않고 끝낼 수 있다.

⑤ 휴대하기 편리하다.

: 갖고 다니기 편하다. 노트북 한 대만 있으면 어디에서든 그림연극을 할 수 있다. 컴퓨터가 있는 곳에서는 플로피 디스크만 가지고 가면 된다. 물론 미리 전자 우편으로 첨부해서 보내도 된다.

⑥ 강의하고 나서 잊어버리는 경우가 없다.

: 프레젠테이션 쪽의 모니터에는 메모 기능이 있기 때문에 '참고정보', '여담' 같이 함께 곁들여서 강의해야 할 이야기를 잊지 않고 할 수 있다. 여기에 강의에 핵심이 되는 단어나 문장을 메모해 두면 좋다.

이런 장점 덕분에 비즈니스맨, 학생 구분 없이 모든 수강생들에게 좋은 평가를 받았다. 개중에는 수료한 뒤에 "그 파워포인트를 복사할 수 있을까요?"라고 묻는 사람도 많았다.

6

상식을 부정하고 '세렌디피티'를 잡아라

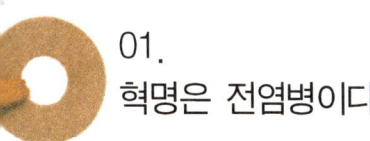

01.
혁명은 전염병이다

오랫동안 같은 조직에 몸담고 있으면 머리끝에서 발끝까지 그 문화에 젖어 정보가 동질화될 위험이 있다. 그리고 발상이 빈약한 이유는 동질화한 '우물 안 개구리' 문화 속에서 살기 때문이다.

정보가 동질화되면 어떻게 될까? 먼저 정보나 발상이 같기 때문에 A의 발상이나 B의 발상이나 거기서 거기가 된다. 이런 상태에서는 아무리 논의를 해도 그다지 발전적인 아이디어가 나오지 않는다. 비즈니스 사회에서의 동질화는 곧 진부를 의미하므로 동질의 인간이 아무리 많이 모여도 화학 변화는 절대로 일어나지 않는다. 엘리트 집단이라고 부르는 대기업 조직의 약점은 확실히 여기에 있다.

하지만 이 집단 속에 하나라도 다른 사람이 들어와 자기 생각을 펼치면 어떻게 될까? 결과는 2가지다. 이질적인 인간이 오히려 동질화되어 원래의 진부한 조직으로 남든지, 아니면 이전까지 동질화되었던 사람들이 자극을 받아 조직 전체가 활성화되는 것이다. 물론 누구나 후자를 목표로 한다.

여기에서 동질 또는 이질이라는 단어를 사용했는데 동질은 메모리의 종류와 패턴이 같다는 뜻이고, 이질은 메모리의 종류와 패턴이 주위와 다름을 뜻한다. 동질과 이질의 본질은 메모리, 즉 메모하는 방법이 다르다는 뜻이다.

닛산NISSAN 자동차가 대성공한 것도 실은 카를로스 곤Carlos Ghosn: 1953, 닛산의 대주주인 프랑스 르노 자동차의 최고영업책임자를 지내다가 닛산이 르노에 인수되면서 1999년 3월 닛산의 CEO로 부임. 그 후 강력한 구조조정을 통해 회사를 극적으로 회생시켰다이라는 이질적인 인재가 들어와서 조직 전체에 '변혁의 전염병'을 퍼뜨렸기 때문이다.

강력한 영향력이 있으면 뇌의 메모리가 확 바뀐다고 보증한다. 능력 있는 사람이 능력을 발휘할 수 있는 지위에 있을 때 가장 효과적이고 강렬한 화학변화가 일어난다. 그리고 이렇게 되면 조직은 강력한 충격을 받아 눈 깜짝할 사이에 변한다.

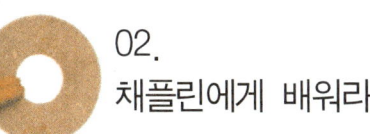

02.
채플린에게 배워라

어느 분야든 이질적인 발상을 거리낌 없이 수용할 수 있어야 한다. 기업의 생존은 물론 개인의 주체성도 모두 여기에 달려 있다. 다양한 업종에서 구조조정을 하는 것도 '우물 안 개구리'와 같은 인재는 필요 없다는 메시지로 받아들여야 한다.

실제로 상품은 로봇이나 기계로 만들어야 효율적이다. 아니면 중국에서 만드는 것이 제작비가 훨씬 적게 먹힌다. 이제 똑같은 제품을 만드는 일은 별로 가치가 없다. 그보다 '다른 회사에 없는 아이디어를 내라.', '아직 아무도 만든 적 없는 상품을 개발하고 싶다.'는 강한 욕망에서 알 수 있듯이 '더 싸게, 더 빨리, 더 강하게'라는 가치관뿐만 아니라 나아가 좀더 색다르고 개성이 빛나는 독창적인 '온리원Only One'이 주목받는다.

어떤 대기업 전기 회사의 경영자는 "운동이든 자원봉사든 좋다. 직장 동료 이외의 사람들과 만나는 것이 중요하다."고 말한다. 아무래도 이질적인 사람과 만나면 사물을 보는 법과 사고방식에 새로운 생각이 싹트기 때문이다. 임원 중에도 다른 업종을 경험해 본 인재는 한 군데 직장만 다닌 간부에 비해 다양한 아이디어를 창출해 낸다. 이렇게 다양하게 쌓은 경력이 다면적 인재로 자라는 바탕이 된다는 의견에 나도 전적으로 동감한다.

여기에서 주목해야 할 점은 하나다. 인간이라는 말을 정보로 바꾸어서 이해하는 것이다.

'같은 정보는 아무리 쌓여도 화학변화가 일어나지 않는다.', '동질화된 정보에 이질 정보를 넣으면 화학변화가 일어난다.', '이질 정보를 넣어서 휘저어라. 혁신은 거기에서 튀어 나온다.'

확실히 그렇다. 그러면 이질적인 정보는 어떻게 얻을까? 2가지 방법이 있다.

① 이질적인 정보 속에서 지낸다.

② 우연을 기다린다.

①부터 설명하자.(②는 다음 장에서 이야기하겠다.)

이것은 의식하면 누구나 할 수 있는 쉬운 방법이다. 예를 들면 내가 주재하는 '키맨 네트워크'라는 이업종 공부모임이 있다. 이 모임에 참가하는 사람들은 대부분 경영자다. 이런 사람들이 이 모임에 참여하는 이유는 도대체 어디에 있을까? 나의 강의를 듣기 위해서? 아니다. 참가자들의 주된 목적은 색다른 정보를 얻어서 머릿속을 한 단계 끌어올리기 위해서다. 그렇게 하지 않으면 자신의 틀에 갇혀 버리기 때문이다.

"최고 걸작은 무엇인가?" 하고 물을 때마다 "넥스트 원! (다음 작품)"이라고 대답한 찰리 채플린처럼 결코 지금에 만족하지 말고 새로운 가능성을 향해 도전해야 한다. 요즘 같은 스피드 시대에 현상유지는 곧 후퇴를 의미한다는 사실을 명심해야 한다.

03.
'세렌디피티'는 왜 필요할까

　인간에게는 기쁜 일인지 슬픈 일인지 모르지만 순응력
이 있다. 진화의 역사 속에서 살아남은 요인도 순응력 덕
분이다. 아마 순응하지 않았다면 공룡과 같은 운명을 맞이
했을 것이다.

　하지만 순응력은 양날의 칼과 같아서 이점만 있는 것은
아니다. 앞서 동질화되는 것이 위험하다고 했는데 일부러
동질화되려고 한 것이 아니라 나도 모르는 사이에 순응력
이 움직이기 시작해 어느 새 기존문화에 젖어 버렸는지도
모른다.

　"열쇠가 말을 안 듣네."

　"아, 열쇠를 이렇게 하면 될 거예요."

하지만 멋지게 실패한다. 여러 번 해도 결과는 마찬가지다. "열쇠를 바꾸면 어떨까요?"라고 말해도 "아니, 이걸로 열릴 거예요."라고 고집을 피우며 계속 시도한다.

이 열쇠를 과거의 성공 체험이나 상식으로 바꾸어 읽으면 금방 이해할 수 있을 것이다. 이질의 정보를 손에 넣는 두 번째 방법은 우연을 기다리는 것이다. 히트 상품인 3M의 포스트잇도 그렇듯이, 아주 우연히 개발된 상품이 많다. 그렇다고 해서 아무 생각 없이 주위 사람들과 어울렸다면 히트 상품을 개발할 수는 없었을 것이다.

히트 상품을 개발한 그들의 머리, 수첩, 비망록 속은 온통 메모로 가득 차 있었다. 여러 번 되풀이해서 말하지만 테마(문제의식)가 명확했기 때문에 그런 영감이 떠올랐던 것이다. 접착제를 이용해 포스트잇을 개발한 아서 프라이에게만 영감의 여신이 나타난 이유는 '강렬한 테마 추구'라는 동기부여가 있었기 때문이다.

사실 우연이라는 힘도 '어느 날 우연히 만났다'는 요행이 아니라 필연적인 능력이다. 그 주변의 원리원칙을 모르는 사람만 우연이라고 말할 뿐 사실은 완벽한 필연이다. 좀처럼 만나기 어려운 기회를 만드는 요령은 열심히 생각하는 데 있다. 열심히 생각하는 사람에게만 바라는 것 이상의 대가가 주어진다. 이러한 우연력을 '세렌디피티^{Serendipity}'라고 하는데 최근에는 쉽게 들을 수 있는 단어지만 내가 처음 이 단어를 들은 것은 지금으로부터 15년 전으로 미쓰비시 종합연구소의 회장을 지낸 마키노 노보루牧野昇와 함께 일했을 때다.

세렌디피티란 정치가이며 작가였던 영국의 호레이스 월폴Horace Walpole이 만든 말이다. 월폴의 우화 속에 등장하는 세 명의 왕자는 여러 나라를 돌아다니며 여행을 했는데, 그동안 매번 자신이 찾는 것보다 가치 있는 뜻밖의 횡재를 했다. 그 왕자가 태어난 고향의 이름이 셀렌디프 왕국으로, 세렌디피티의 어원은 여기에 있다. 이후 세렌디피티는 '우연히 무언가를 발견하는 능력'으로 해석하게 되었다.

04.
정답만 중시하는 생각이 혁신을 방해한다

'우연히 발견하는 능력을 개발할 수 있을까?'라는 의문을 가진 사람이 있을지 모른다. 하지만 나는 우연히 발견하는 능력은 신의 선물이며 메시지로, 누구나 받을 수 있다고 생각한다. 누구나 받을 수 있지만 그것을 깨닫지 못한 사람이 압도적으로 많을 뿐이다.

그러면 왜 깨닫지 못하는 것일까? 그것은 상식에 사로잡혀 있기 때문이다. 다시 말해 정답만 중시하는 생각이 방해하기 때문이다.

이 세상에는 미래에 아무런 공헌도 하지 않는 작은 성공도 있지만 시대를 완전히 바꿔 버릴 만큼 가치 있는 실패도 있다. 그런데 정답만을 중시하는 '정답 병'에 걸린 사람에게는 정답 이외의 답은 가치가 없다. "틀렸어? 미안, 다시 할 테니까 지워."라는 식으로 모든 것을 백지상태로 돌린다. 사실은 거기에 정답 이상의 가치가 있다는 사실을 깨닫지 못한다.

그럼 많은 사람들에게 천재라는 인정과 존경을 받은 데츠카 오사무手塚治虫를 예로 들어 보자. 데츠카의 걸작 「정글의 왕 레오」는 디즈니가 복사할 만큼 전 세계에 공감을 불러일으킨 작품이다.

여러분은 흰 사자 레오가 어떻게 태어났는지 아는가? 이 캐릭터만한 우연의 산물도 없을 것이다. 아니, '정답 병'에 사로잡히지 않고 새로운 가치를 깨달은 직감력의 승리였다. 우연이 아니라 필연이다.

어느 날 동물 그림을 그려 달라는 고객의 부탁을 받고 데츠카는 사자를 그렸다. 그는 밤중에 오렌지색 어두운 불빛 아래서 물감을 칠했다. 그런데 이것을 밝은 햇빛 아래서 보니 왠지 흐릿하고 하얗게 보였다. '망쳤다!'라고 느끼면 보통은 쓰레기통으로 직행이다. 그러고 나서 새로운 마음가짐으로 다시 한 번 시도할 것이다. 하지만 웬일인지 이때 데츠카의 머릿속에서는 '이런 그림도 괜찮지 않을까?'라는 생각을 했고, 이것이 나중에 온 국민의 인기를 한 몸에 받은 레오가 탄생하는 순간이 되었다.

우연을 살리는 능력, 우연을 불러일으키는 능력, 우연을 연속해서 끌어내는 능력, 이 3가지 능력이 강한 사람은 천재라고 부를 만하다.

05.
우연히 발견하는 능력을 개발하는 방법

　우연을 필연으로 바꾸는 요령을 알아보자. 뿌리지 않은
씨는 싹틀 수 없다는 말처럼 아이디어가 꽃피기 위해서는
뇌에 많은 정보를 흘려 넣어야 한다. 앞에서 말한 대로 뇌
는 닥치는 대로 정보를 흡수한다. 물론 한번 흡수한 정보
를 적절한 때에 재빨리 꺼낼 수 있는 검색 능력은 훨씬 뒤
떨어진다.

　그러면 어째서 정보흡수 능력은 뛰어난데 검색 능력은
떨어지는 것일까? 그것은 기억력이 나쁘기 때문이다. 단순
한 암기를 단순기억이라고 하는데 단순히 암기한 것은 일
정 시간이 지나면 잊어버리게 되어 있다.

　그러나 자기가 좋아서 기억한 내용은 무슨 일이 있어도

기억하게 되어 있다.

나는 초등학교 무렵부터 옛날 유행가를 좋아해서 메이지, 다이쇼, 쇼와 시절의 가요는 거의 모두 기억한다. 가사뿐만 아니라 그 곡을 만든 배경까지 안다. 그것은 누가 명령해서가 아니라 내가 좋아서 기억하는 것이다. 제1장에서 말한 자동차를 좋아하는 내 친구의 경우와 마찬가지 경우이다.

노래는 단순기억이 아니라 이야기로 관련을 짓는 방법으로 기억한다. 덩굴식으로 기억한다고 봐도 좋다. 일단 정보를 뇌라는, 우주 같이 넓은 공간에 뿌린다. 그러면 아로새겨진 정보가 밤하늘에 빛나는 무수한 별처럼 우주를 떠다닌다. 그러다가 어느 순간 테마, 키워드, 문제의식에 따라 뇌 컴퓨터가 작동하면 관련된 정보가 잇따라 튀어나온다. 해마라는 기억 중추를 전극으로 자극한 순간 예전의 세세한 기억이 모두 떠올랐다는 실험결과가 이를 증명해 준다.

그렇다면 기억은 우연, 다시 말해 뜻밖의 횡재를 만날 능력과 어떤 관계가 있는지 설명해 보자.

발상의 기본에는 보거나 듣거나 체험한 내용이 깔려 있다. 이것이 '메모의 자료'이며 이 이외에는 하나도 없다. 이 말은 뜻밖에 횡재를 할 능력을 개발하기 위해서는 뇌 안에 있는 정보(자료나 가치관)를 적극적으로 끌어내는 회로가 있어야 한다는 뜻이다. 뇌는 뉴런이라는 신경으로 연결되어 있다. 이 회로가 '이것은 실패'라고 인식하지 않고 '이러면 좋지 않을까?' 하고 인식하면 뜻밖의 횡재를 할 능력을 얼마든지 개발할 수 있다.

그러면 그 방법을 지적해 보자.

한마디로 시점을 바꾼다. 다시 말해 견해나 사고방식, 받아들이는 방법을 바꾸는 것이다. 진부한 말이지만 역전의 발상, 거꾸로 발상이라고 해도 된다. 시점을 바꾸기 위해서는 다음의 3가지 요점이 필요하다.

❶ 감동한다.

틀렸다고 낙심하지 말고 의외로 잘 될 수 있겠다고 생각하는 것이 요령이다. '과연, 이럴 수도 있구나.' 하고 긍정적으로 감동하고, 절대로 부정하지 않는다.

❷ 더 넓게 본다.

자신뿐만 아니라 상대의 발상까지도 "이거 좋은데.", "재미있군." 하는 식으로 긍정적으로 받아들인다. 오즈본이 개발한 두뇌폭풍^{브레인스토밍}이라는 발상법이 바로 이 방법이 아닐까? 일단 아이디어를 받아들여서 마음껏 펼쳐 보면 원형에 머물지 않는 경우가 많다. 하지만 사실 거기에는 뜻밖의 횡재가 숨어 있다.

❸ 다르게 응용한다.

이것을 제조업에서는 용도개발이라고 한다. 인터넷도 원래는 군사목적으로 개발한 정보통신 네트워크다. 이것을 민간인 용도로 개발한 결과 이렇게까지 발달했다. 시점을 바꾸어 고정관념을 완전히 버리고 전혀 다른 각도에서 사물을 보자.

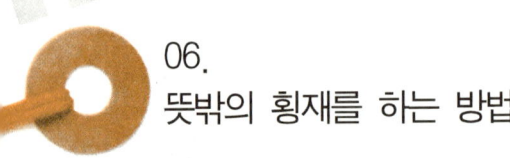

06.
뜻밖의 횡재를 하는 방법

정보는 서로 관련이 없는 듯 보여도 사실은 어딘가에서 반드시 이어져 있다. 우리는 흔히 유행하는 것에 마음을 빼앗기기 쉬운데, 사실은 그와 정반대 쪽으로도 눈을 돌려야 한다.

정보는 반드시 어딘가에 이어져 있는데도 그 정보가 전달되지 않는 이유는 귀와 눈이 닫혀 있기 때문이다. 그러므로 업계 정보만이 아니라 새로운 움직임에 관심을 가져야 한다. 어느 분야든 현장에 가서 현물도 보고 설명도 듣는 자세가 비즈니스에는 반드시 득이 된다.

하세가와 게이타로長谷川慶太郎는 "10대 스타들의 노래는 도통 알아들을 수가 없다. 정말 모르겠다고 말하는 사람이 있는데 그건 그 세계에 호기심과 흥미가 없기 때문이다. 진정한 정보력을 내 것으로 만들고 싶다면 흥미 있는 대상을 한정해서는 안 된다. 흥미 없는 세계에도 귀를 기울여야 한다."고 말했는데 나도 이 말에 전적으로 동감한다. 조립식 주택을 건설 회사가 개발한 것이 아니고, 포장 이사도 종합운송업자가 생각해 낸 사업이 아니라는 점을 되새기면 쉽게 이해할 수 있을 것이다.

업계 상식이라는 관습에 얽매어 있는 한 자유로운 발상 따위는 나오지 않는다. 물론 뜻밖의 횡재를 할 일도 없다.

07.
내가 가장 자신 있는 일을 한다

회사든 사람이든 자신만의 독특한 멋은 무엇인지 메모해 두어야 한다. 다시 말해 자신의 약점과 제일 자신 있는 부분을 확실히 인식해야 한다는 것이다. 그렇지 못하면 제일 자신 있는 일로 승부를 내지 못하고, 일부러 서툰 씨름판에서 상대와 싸우게 된다.

지금 컴퓨터 업계를 석권하고 있는 인텔도 사실 수십 년 전에는 도산 직전의 회사였다. DRAM^{수시 기입 읽기를 하는 메모리} 생산에서 잇따른 불량품 발생으로 치명상을 입었던 것이다. 그러나 이에 굴하지 않고 제일 자신 있는 분야인 마이크로프로세서 개발로 반격, 마침내 업계 최고로 군림하게 되었다. 이처럼 성공하려면 가장 자신 있는 기술로 승부를 내야 한다.

특히 중소기업은 경영자의 판단 하나로 회사의 운명이 결정된다. 대기업이 탱크형 경영이라면 중소기업은 모터보트형 경영이다. 중소기업이 아무리 열심히 해도 대기업이 '이것은 벌이가 된다'는 생각으로 그 분야에 인력, 물자, 돈을 쏟아 부어 시장에 나타나면 중소기업은 그 자리에서 무너진다.

따라서 중소기업은 먼저 대기업의 경영방침을 확실히 메모한 뒤 대기업의 방침과 반대로 비즈니스를 전개하면 성공할 수 있다는 사실을 알 수 있다. 대기업이 결코 손대지 않는 시장의 조건은 다음과 같다.

① 제품 생산이 까다롭다.
② 대량으로 팔 수 없다.
③ 판매 루트가 복잡하다.

대기업이 진출하지 못한 시장을 개발해 성공한 중소기업은 수없이 많다. 그중 주오 가가쿠라는 회사^{中央化學}가 있는데 일반 사람들은 들어 본 기억이 없을지도 모르지만 날마다 이 회사 제품 덕을 보고 있을지도 모른다. 그 제품은 바로 '다레빈'이라고 해서 슈퍼나 편의점 도시락 안에 들어 있는 반 투명색 플라스틱제 간장이나 소스 용기다. 그 밖에도 포장용 초밥 통도 개발하고 있다. 이 상품은 태워도 다이옥신이 나오지 않고, 전자레인지에 사용할 수 있을 만큼 내열 강화된 소재라는 점에서 부가가치가 높다. 편의점 도시락이 크게 히트한 배경에는 이런 뛰어난 상품 지원이 있었던 것이다.

그런데 이만큼 뛰어난 기술이 받쳐 주는 상품도 처음에는 역시 팔리지 않았다. 그래도 이 사업을 끌고 온 이유는 대기업은 결코 참여하지 않을 거라고 확신했기 때문이다. 왜 참여하지 않을까? 그것은 장점보다 단점이 많았기 때문이다. 어쨌든 판매처의 규모가 작고 하찮아 보였기 때문에 대기업이 손을 대지 않았는데 덕분에 이 회사는 40년 동안 시장을 독점해 매출액이 820억 엔(단독으로 720억 엔)인 '작은 대기업'이 되었다.

중소기업에는 중소기업만의 특색이 있다. 그런데도 금방 대기업 흉내를 내려고 하는데 이런 회사에는 미래가 없다. 무엇보다도 자사의 개성, 가장 잘하는 기술이 어떤 것인지 깨닫고 거기에 매진해야 성공할 수 있다.

7

인생을 바꾸는 '메모의 힘'

01.
'메모하는 습관'으로 한 걸음 앞을 읽는다

"백 걸음 앞을 내다 볼 줄 아는 사람은 광인狂人, 오십 걸음 앞을 내다볼 줄 아는 사람은 희생자, 한 걸음 앞을 내다볼 줄 아는 사람은 성공인, 오로지 지금만 볼 줄 아는 사람은 낙오자."라는 말은 기타추北浜銀行 은행의 이와시타 기요치카岩下清周 은행장이 오사카 재계의 지도자였던 고바야시 이치조小林一三: 한큐 그룹 창업자에게 한 말이다.

이 말은 '너무 먼 미래를 확실히 내다볼 줄 아는 사람은 선구자이기도 하지만 희생자가 될 가능성이 높다. 하지만 가까운 미래를 내다볼 줄 아는 사람은 모든 분야에서 성공한다.'는 뜻으로 해석할 수 있다.

나는 이와시타의 손자와 가깝게 지내는데 평판대로 이

와시타는 호탕한 인물이었다고 한다. 그는 요즘 은행의 월급쟁이 사장들과는 달리 이익을 사회에 나눠 주는 반면 실패는 모두 사재를 털어서 변상했다. 모든 이익은 자기 몫이라고 생각하고 엄청난 불량채권은 남의 몫이라고 인식하는 패거리와는 달랐던 것이다.

이와시타가 지적하는 대로 너무 먼 곳만 바라보고 가다가는 돌 뿌리에 걸려 넘어지기 쉽다. 성공하는 사람은 반걸음 앞부터 힘껏 노력해 한 걸음 앞이라도 제대로 보고 대처할 줄 안다.

그런데 한 걸음 앞을 읽으려면 어떻게 해야 할까? 먼저 변화를 간과해서는 안 된다. 모든 일에는 조짐이 있다. 그 조짐을 안테나로 받아들여야 한다. 이를테면 한신^{阪神} 대지진_{1995년 1월 17일 고베에서 일어난 대지진} 때도 조짐이 많았다.

· 지금까지 본 적이 없는 구름이 생긴다.
· 하늘이 새빨갛게 물든다.
· 다른 해보다 작물이 빨리 자란다.
· 제철이 아닌데 꽃이 핀다.
· 텔레비전이나 비디오 리모콘이 자주 고장 난다.
· 벽걸이 시계 바늘이 빙글빙글 돈다.

· 동물원의 동물들이 마구 짖는다.
· 어항 속 금붕어가 세차게 헤엄치며 돌아다닌다.

　이런 현상은 모두 변화가 있을 조짐이 아니었을까? '와, 이상하다.'는 생각이 떠오르는 것은 머릿속의 메모가 평소와 다른 메시지를 보내기 때문이다. 메시지를 안테나로 제대로 수신하려면 먼저 무엇이 다른지 알아차려야 한다. '어제와 경치가 다르다.', '지난주와 느낌이 다르다.', '작년과 매상이 다르다.' 이런 풍경을 머릿속에 메모하고 마음에 새겨 둔다. 그리고 깨달은 점이 있다면 다른 사람에게 이야기해서 의견을 들어 보는 방법도 좋다. 그렇게 하면 정보가 정확해진다. "그렇지 않아.", "기분 탓이 아닐까?"라는 대답을 들을 수도 있지만 "이상하다.", "왜?"라는 직감은 생물이 살아가는 데 빼놓을 수 없는 능력이다. 직감을 만만하게 봐서는 안 된다.

02.
지식과 감성이 절대적으로 다른 점

　요즘 일본 사람들은 직감이 둔하다. 예를 들면 뉴욕이나 이스라엘, 남미, 동남아시아에서는 '빵!' 하는 소리가 나면 백이면 백 모두 즉시 땅바닥에 엎드린다. 그러나 일본 사람들은 이와 같은 상황이 벌어지면 "어? 뭐야?", "무슨 일이야? 지금 난 소리는 뭐지?" 하며 우왕좌왕한다.

　이렇게 직감력이 둔한 원인은 평화롭게 살았기 때문이 아니다. 부화뇌동, 다시 말해 어떤 일이든 늘 옆 사람이 어떻게 하는지 확인한 다음에 움직였기 때문이다. 먼저 다른 사람이 어떻게 생각할지 생각한다. 안내서나 교과서대로 하지 않으면 마음이 안 놓인다. 또 그것을 미덕이라고 여긴다. 이런 국민성이 감성보다는 지성(과거의 공부)에 치우

친 인물로 만들었다.

　여기에서 생각해야 할 점은 지식과 감성은 대립하는 것이 아니라 서로 보완하는 능력이라는 점이다. 그런데 지식과 감성의 다른 점을 알고 있는가? 수식으로 표현하면 이렇다.

　① 지식＝기억한 양－잊어버린 양
　② 감성＝기억한 양＋잊어버린 양

　지식을 가늠하는 시험에서는 100가지를 기억해도 50가지를 잊어버리면 점수가 50점밖에 안 된다. 그러므로 기억하는 양을 늘리고 잊어버리는 양을 줄이는 것이 중요하다.

　그런데 감성은 완전히 다르다. 100가지를 기억하고 100가지를 잊어버리면 0점이 아니라 200점이 된다. 때로는 이것이 덧셈이 아니라 곱셈이 되어 거대한 화학변화를 일으킬 때도 많다. 감성의 강점은 바로 여기에 있는 것이다.

03.
아내를 감동시킨 우리 아이의 메모

감성을 기르려면 체험을 많이 해야 한다. 실패든 성공이
든 결과는 아무래도 좋다. 어쨌든 많이 도전하는 것이 중
요하다. 어렸을 때부터 체험을 많이 하면 감성이 풍부한
사람으로 자란다.

아들이 초등학생이었을 때 아내가 학부모 모임에 다녀
온 일이 있었다. 아내는 따뜻하고 유쾌한 시간이었다면서
학교에서의 일을 나에게 말해 주었다.

"선생님께서 '우리 ○○는 △△이지만 ×××입니다.'라는
문장이 인쇄된 종이에 아이들의 생각을 마음대로 써 넣게
했지 뭐예요?"

"그래? 우리 애는 뭐라고 썼는데?"

"호호호."

"뜸들이지 말고 얼른 말해 봐요."

"'우리 엄마는 무섭지만 요리를 아주 잘합니다.'라고 써 있었죠. 무섭다는 말은 조금 심하지만요."

하지만 아내는 아주 싫은 표정도 아니었다.

"하지만 요리를 잘한다고 쓴 걸 보니 당신보다도 여자 마음을 잘 아는 것 같아요."

"잘 보이려고 한 소리겠지. 하지만 듣기 나쁘진 않군."

"그래요. 아이의 솔직한 마음이라고 선생님이 말씀하시더군요."

그런데 메모에 표현하는 순서가 반대였다면 뉘앙스가 조금 달라졌을 것이다. '요리를 잘하지만 너무 무섭다'고 하는 것과 '무섭지만 요리를 잘 하신다'고 하는 것은 확실히 다르다.

이렇게 처음에는 단점을 말한 다음 뒤에 가서 확실히 기분을 올려 주는 것이 중요하다. 이것이 바로 또 하나의 메모 방법이다.

04.
하버드 대학이 입증한 메모의 중요성

    교육의 중요성을 보여 주는 자료가 있다. 이것은 메모하는 방법과도 관련이 있는 중요한 자료다. 수년 전, 하버드 대학에서 '여러분의 인생은 성공했는가?'라는 질문으로 조사를 한 적이 있다. 이 결과를 보면 메모가 얼마나 중요한지 알 수 있다.

    '물심양면으로 매우 만족'하는 사람은 전체에서 겨우 3퍼센트뿐이었다. '그럭저럭 만족'하는 사람도 30퍼센트였다. 그런데 나머지 67퍼센트에 달하는 사람은 "물질적이나 정신적 어느 한쪽에서 다른 사람의 도움이 없으면 안 된다."라고 대답했다. 내가 말하고자 하는 요점은 다음과 같다.

매우 만족하는 사람들의 공통점은 '구체적인 목표를 메모한다'는 것이다. 수첩이든, 사업장에 크게 써서 붙여 놓은 결의문이든 어떤 형태라도 좋다. 어쨌든 명확히 메모해 두었다는 사실이 중요하다. 반면, 그럭저럭 만족하는 사람들은 '막연한 목표'를 메모하는 것이 아니라 단순히 '마음'에 그리는 수준이었다. 그렇다면 나머지 사람들은 어땠을까? 목표 없이 오로지 소망뿐이었고 물론 메모도 하지 않았다.

성공하는 사람의 3가지 조건은 단순하다.

① 목표가 있다.
② 구체적이다.
③ 메모하는 방법을 알고 있다.

하지만 메모해도 잘 보이지 않는 곳에 붙이면 아무런 도움이 되지 않는다. 그리고 날마다 메모한 내용을 반드시 확인하는 것도 매우 중요하다.

잠재의식은 여러분이 상상하는 것보다 훨씬 경이적이며 위협적이다. 자신도 모르는 사이에(그렇기 때문에 잠재의식이지만) 여러분이 간절히 바라는 쪽으로 움직인다.

친구 중에 "내가 이렇게까지 성공할 줄은 몰랐다."고 말하는 상장기업 사장이 있는데, 수십 년 전의 일을 잊고 하는 소리다. 당시 친구는 거의 매일 "반드시 5년 안에 주식을 상장할 거야. 그래서 빌린 돈을 갚을 거야."라고 다짐하듯 말했다. 그래서 내가 지금 와서 성공한 건 모두 너의 잠재의식 덕분이라고 말해 줘도 그는 이해하지 못한다.

친구가 성공한 이유는 매번 회사의 운영방침과 구체적인 숫자를 쓴 사업계획을 사원들이 볼 수 있는 곳에 붙여 놓고, 특히 사장 스스로 간절히 성공을 빌었기 때문이다. 여러분의 회사에 이런 구체적인 메모조차 없다면 목표를 달성할 수 없다. 이것은 나만의 확신이 아니라 자료가 밝혀 주고 있다.

"언젠가 정치가가 되고 싶다.", "○○까지 100만 엔을 모아야지.", "좋아, MBA를 취득해야지."라는 막연한 소망만을 가지고 있다면 소원은 소원에 머무른 채, 무엇 하나 실현하지 못한다. 꿈을 이루고 싶다면 메모를 해야 한다. 언제부터 움직일지, 언제 달성할지 메모에 날짜를 적는 순간부터 메모는 단순한 메모에서 '계획'으로 한 단계 발전한다.

05.
헬렌 켈러의 메모하는 습관

.

　미국의 사회복지 사업가이기 전에 세계적 위인으로 손꼽히는 헬렌 애덤스 켈러^{1880~1968, 맹농아盲聾啞로서 저술가이자 사회사업가}는 앨라배마 주 터스컴비아의 가문에서 태어났다. 어려서 앞을 못 보게 되어 애니 맨스필드 설리번 여사의 교육을 받은 헬렌 켈러는 신체장애자의 복지사업에 힘을 쏟았다.

　메모하는 방법을 말할 때면 헬렌 켈러를 빼놓을 수 없다. 보지 못하고 듣지 못하고 말하지 못하는 소녀가 단어를 알게 되면서 인생을 개척한 것은 틀림없이 메모가 이룬 기적이다. 그렇다, '기적의 사람'은 확실히 메모로 완성되었다.

　설리번은 헬렌 켈러의 첫인상이 "머리는 헝클어져 있었고,

어둡고 반항적인 야성의 아이였다."라고 했다. 하지만 설리번은 큰 기대를 품고 첫 수업을 시작했다. 그것은 설리번이 자신의 선생님에게서 배운 교수법을 따른 것이었다.

먼저 헬렌의 손바닥에 손가락으로 단어를 쓴다. 그러고 나서 그 의미를 헬렌이 갖고 있는 단 하나의 인식의 창구인 촉각을 통해서 사물이나 행동으로 느끼게 해준다. 첫 단어는 'DOLL^{인형}'이었다. 몇 년 뒤 헬렌 켈러는 "나는 정확한 철자도, 게다가 단어라는 게 존재한다는 사실조차 몰랐다. 다만 원숭이처럼 흉내 내어 손가락을 움직이고 있을 뿐이었다."라고 했다.

헬렌은 몇 개월 동안 손가락의 움직임과 단어가 관련 있다는 사실을 전혀 깨닫지 못했다. 그래서 설리번과의 수업은 갈수록 힘들어졌다. 마침내 헬렌은 견디지 못하고 화를 내기 시작했다. 결국은 설리번도 체념하고 둘은 기분전환이라도 할 겸 밖으로 산책을 갔다. 오두막에 있는 우물가의 펌프에 이르자 설리번은 물을 퍼 올렸다.

헬렌 켈러는 그때의 일을 「내 생애」라는 자서전에 다음과 같이 적고 있다.

"누군가가 물을 푸고 있다. 설리번 선생님은 나를 물이

나오는 곳으로 인도했다. 차가운 물에 손을 적시는 동안 선생님은 다른 한쪽 손에 'w-a-t-e-r'이라는 단어를 처음에는 천천히, 그리고 이어서 재빨리 썼다. 나는 가만히 서서 선생님의 손가락 움직임에 신경을 집중했다. 갑자기 단어의 비밀이 벗겨진 것이다. 'Water'라는 단어는 바로 물을 의미한다는 사실을 깨달았던 것이다. 이 생기 넘치는 단어는 내 영혼을 눈뜨게 하고, 빛과 희망과 기쁨을 주었으며 암흑의 세계에서 나를 해방시켰다. 나는 지적 욕구에 휩싸여 오두막을 떠났다. 모든 사물에 이름이 있고, 이름은 새로운 사상을 낳는다. 집에 돌아오자 내가 만지는 모든 것에 생명이 넘쳐흐르기 시작했고, 그 기쁨에 몸이 떨리는 것을 느꼈다."

우리는 'Water'라는 단어에 아무런 감동도 하지 않는다. 그러나 헬렌 켈러의 손바닥에 쓴 'Water'라는 메모는 그녀의 인생을 완전히 바꾸는 계기가 되었다.

메모가 도움이 되는가는 그 메모를 받아들이는 사람의 감성으로 결정된다. 그와 동시에 보내는 사람의 꾸준한 노력 덕분이라는 점도 잊어서는 안 된다. 그래서 우리는 헬렌 켈러도 위대하지만 설리번 선생님은 더욱 위대하다는 것을 알아야 한다.

옮긴이 **이수경**

건국대학교 졸업, 현재 (주)엔터스코리아 전속 일본어 번역가로 활동 중이다. 역서로는 「운이 좋은 사람들의 9가지 사고방식」 「지금 바로 정리하라」 「따라 하면 부자가 되는 소비습관」 「아버지가 자녀에게 주어야 할 7가지 인생의 선물」 「야단칠수록 더 어긋나는 아이들」 「네트워크 마케팅 1년에 1억 벌기」 「생각을 발견하는 철학산책」 「시대 운이 운명을 바꾼다」 「당당하게 살자」 등 다수가 있다.

성공한 사람들의

메모하는 방법

나카지마 다카시 지음 이수경 옮김

초판 1쇄 2006년 6월 30일
초판 2쇄 2010년 1월 14일

펴낸곳 시간과공간사
등 록 1988년 11월 16일 제1-835호
펴낸이 최석두
ISBN 978-89-7142-192-4 03320

서울시 마포구 서교동 480-9 에이스빌딩 3층 우) 121-210
전 화 02)3272-4546~8 팩스 02)3272-4549
이메일 tnsbook@naver.com